Lectura del rostro

*Descubra los secretos de la fisiognomía china
y cómo leer a la gente como un reloj*

Contents

Introducción

Estudiar el rostro de una persona para saber si es sincera es una de las formas más comunes de evaluar su integridad. De hecho, es un rasgo fundamental que la mayoría de nosotros tenemos sin siquiera saberlo. Al mismo tiempo, también buscamos emociones ocultas detrás de la cara de una persona, ya sea un familiar, un amigo o un compañero de trabajo.

¿Sabía que hay formas de conocer las emociones de una persona y descifrar su suerte con solo leer su rostro? La lectura del rostro es una práctica antigua en las civilizaciones china y europea que se remonta a varios milenios.

Si desea saber más sobre cómo funciona la lectura de rostros y probarla en sí mismo o con otros, este libro es para usted. No solo le ayudará a explorar antiguas prácticas alternativas, sino que también le enseñará a interpretar la mente y los pensamientos de quienes le rodean. Podrá utilizar estos conocimientos para comprender mejor a las personas que forman parte de su vida, incluidos los miembros de su familia, sus amigos íntimos, sus nuevos conocidos o los simples desconocidos. En lugar de limitarse a comprender la historia y los aspectos teóricos de la lectura de rostros, este libro le enseñará a leer los rostros y a interpretar los pensamientos de una persona, así como su temperamento.

Si se siente fascinado por las personas que conoce y quiere llegar a conocerlas a un nivel más profundo (sin necesidad de entrometerse), la fisiognomía es un gran arte que debe aprender. Este libro le proporcionará una historia detallada de la lectura del rostro y de cómo funciona. Aprenderá el mapa facial y cómo leerlo, con diagramas e instrucciones paso a paso. También aprenderá a descifrar los rasgos de carácter, a evaluar la salud y a leer el pasado, el presente y el futuro de las personas que conoce, así como de las que conocerá. Al final de este libro, seguro que verá las caras de una manera diferente, con una visión más profunda y compasión por las personas de su vida. Sin más preámbulos, ¡empecemos nuestro viaje!

Ventajas de la lectura del rostro

Aunque el beneficio más obvio de la lectura de rostros es la capacidad de interpretar los pensamientos de las personas, la fisiognomía conlleva otras ventajas:

- Una comprensión más profunda de las personas y sus vidas
- Compasión por los demás
- Un ojo para los detalles
- La capacidad de empatizar con otros
- La gratitud

La capacidad de leer los rostros puede afectar significativamente a la vida de una persona, así como a sus hábitos. La mayoría de la gente subestima la cantidad de información que los rostros pueden revelar. La forma en que nos comunicamos, nos comportamos, gastamos energía y expresamos nuestras emociones se transmite a fondo a través de nuestros rostros. Además, el rostro revela la capacidad de trabajar de forma independiente o colectiva. Además, su rostro permite saber si es usted materialista o si valora más las emociones y las experiencias. También muestra si está enamorado, si sufre una agonía emocional, si tuvo una infancia difícil o si espera la buena fortuna en el futuro.

Entonces, ¿qué aspectos puede esperar descubrir con la lectura de rostros? Averigüémoslo.

· **Salud:** El rostro de una persona se divide en "zonas" (según la terminología moderna) para averiguar problemas de salud en órganos específicos o partes internas del cuerpo. Tanto si se trata de una deficiencia nutricional, como de una falta de fuerza física o de una afección subyacente, se puede leer el rostro de una persona para determinar la causa exacta. Con ello, también puede resolver estos problemas tratándolos con remedios adecuados, ya sean naturales o no.

· **Riqueza:** Los rasgos faciales únicos de una persona permiten captar la cantidad de riqueza que tuvo en el pasado, la que tiene ahora y la que tendrá en el futuro. Hay ciertos puntos en la cara que le indican si adquirirán abundante riqueza a través del trabajo duro o por la herencia de propiedades ancestrales.

· **Personalidad y carácter:** El carácter, los rasgos y la personalidad de una persona se aprenden leyendo su cara. Algunas personas pueden ser engañosas y fingir ser alguien que no son, lo que puede hacer bastante difícil discernir su personalidad genuina. Con la lectura del rostro, se puede mirar más allá de la fachada y comprender quiénes son. Sus puntos fuertes, sus debilidades, sus necesidades y sus comportamientos quedarán al descubierto para que usted los evalúe.

· **Carrera profesional:** Con solo contemplar el rostro de una persona, puede valorar su suerte, su talento y su competencia, lo que puede ayudarlo a aconsejarle sobre su trayectoria profesional ideal. Si está confundido consigo mismo, esto puede animarle a elegir también su vocación profesional. Puede aprender a leer los talentos ocultos y los atributos de éxito en una persona, junto con sus intereses y deficiencias. Por último, los rasgos faciales también determinan la capacidad de una persona para manejar el dinero, establecer contactos y dirigir a los demás, aspectos necesarios en cualquier entorno profesional.

· **Amor y matrimonio:** Si tiene suerte, conocerá a su compañero de vida ideal muy pronto, pero muchos suelen luchar por encontrar al alma gemela con la que pasarán el resto de su vida. Es entonces cuando el arte de la lectura de rostros se vuelve útil. Cuando acuda a una cita o conozca a un posible compañero de vida, podrá pasar por alto fácilmente sus rasgos superficiales y distinguir su verdadero ser intrínseco. Si aprende el arte de la lectura de rostros, también podrá analizar los rostros de una pareja y determinar si se aman o están realmente hechos el uno para el otro.

· **Hijos:** Los puntos vitales de la cara de alguien determinan su suerte a la hora de tener hijos. También indican la salud, la suerte, el destino y el futuro de sus hijos. Dado que la parte superior de la cara es la sección "Cielo", que representa la infancia, se puede determinar fácilmente el destino del niño y la infancia a la que está destinado.

· **El destino y el propósito de la vida:** A menudo vivimos de acuerdo con las expectativas de los demás, lo que suprime nuestro verdadero yo y puede incluso dar lugar a sentimientos de inadecuación u odio a nosotros mismos. Con la lectura de rostros, usted puede aprender lo que realmente quiere en la vida y definir su único propósito. Para algunos, sobresalir en su trabajo les da la máxima satisfacción, mientras que otros encontrarán consuelo en los viajes y la exploración del mundo. Con este arte, podrá averiguar cuál es el verdadero propósito de su vida y alcanzar sus objetivos de forma constante. Asimismo, puede aprender sobre su propio destino: lo que fue su vida y en lo que evolucionará. Si no le gusta lo que lee, aún tiene la posibilidad de cambiarlo, dándose la oportunidad de enmendar y reencontrarse con el éxito.

Como puede ver, el rostro de una persona puede revelar prácticamente todo sobre ella, desde su infancia hasta cómo será su vida cuando se jubile. Los rostros son libros abiertos dispuestos a desvelar sus secretos a quienes dominan el arte de la lectura de rostros. Tomemos como ejemplo un examen a libro abierto; se le da la libertad de consultar sus libros de texto, apuntes y hojas de ayuda, pero si no sabe localizar las respuestas en los materiales que tiene a su disposición, lo más probable es que repruebe el examen y obtenga una mala nota. Del mismo modo, un rostro humano le proporciona toda la información; lo único que necesita es aprender el arte de encontrar e interpretar las respuestas, que es de lo que trata este volumen.

En los siguientes capítulos, aprenderá mucho sobre la historia, las técnicas y los enfoques de la lectura eficaz de rostros.

Capítulo 1: Historia de la fisiognomía china y de la lectura del rostro

Esta sección inicial se centrará en la historia de la lectura del rostro y su evolución a lo largo del tiempo. Su objetivo es ofrecerle una sólida comprensión de cómo, dónde y por qué se originó la lectura facial y por qué sigue existiendo en la actualidad.

En pocas palabras, la lectura del rostro consiste en analizar los rasgos faciales de una persona para comprender su carácter, sus rasgos de personalidad, sus puntos fuertes y débiles, entre otros. Cada rasgo de la cara - nariz, ojos, boca, labios, barbilla, etc. - revela algo sobre la persona y sus atributos únicos. Si se observa con atención y se aprende a leer los rasgos faciales correctamente, se pueden desentrañar historias ocultas, algunas de las cuales podrían ser incluso oscuros y recónditos secretos de su pasado. Además, también da una visión profunda del destino y el futuro de una persona. En muchos sentidos, un rostro se asemeja a un plano que traza la historia de la vida de una persona, desde su infancia hasta sus años dorados. Dicho esto, no es tan fácil como parece; hay que aprender cómo se hace y seguir practicando con constancia para convertirse en un maestro de la lectura y el análisis de rostros.

Además de conocer la historia de una persona y predecir su futuro, también se puede determinar el estado de su salud mediante la lectura del rostro. Esta práctica ha perdurado muchos siglos desde que los monjes curanderos taoístas utilizaron el arte de la lectura facial para diagnosticar problemas de salud y enfermedades subyacentes. La precisión de esta técnica era tan notable que la Medicina Tradicional China (o MTC) sigue empleándola en las prácticas médicas actuales.

Antes de hablar de la historia y la importancia de la fisiognomía, es importante entender qué es la fisiognomía y qué implica.

¿Qué es la fisiognomía?

La fisiognomía es el arte de descifrar el carácter y la personalidad de una persona a través de sus expresiones faciales y su aspecto exterior. Procedente de la antigua Grecia, el término "physio" significa naturaleza, y "gnomon", intérprete o juez. Aunque a veces se considera una forma de pseudociencia, esta técnica influyó en muchos eruditos y maestros de toda Europa durante la antigüedad. A menudo se denomina también el arte de conocer un objeto o terreno a través de atributos físicos específicos. Por ejemplo, la fisiognomía explicaría la conexión genética entre los rasgos físicos de una persona. Si alguien tenía síndrome de Down, era evidente a través de sus ojos rasgados y su cara plana. Con el tiempo, el estudio de la fisiognomía progresó y se incorporó activamente a otras disciplinas científicas, como la bioquímica y la fisiología.

La fisiognomía de la antigua Grecia

Aunque el estudio de la fisiognomía fue excepcionalmente popular en la cultura europea a lo largo de los siglos XVIII y XIX, su práctica se remonta al año 500 a. C., cuando Pitágoras, el erudito griego, juzgaba a sus alumnos en función de su aspecto. Si no estaban suficientemente "dotados", los rechazaba al instante. El término "physiognomonia" apareció en el siglo V a. C. en De las epidemias, un tratado escrito por Hipócrates. También apareció en una escritura de Antístenes, otro eminente filósofo griego.

En un hallazgo histórico, la evaluación de Aristóteles de los rasgos de las personas en función del tamaño y la forma de su rostro estableció el estudio de la fisiognomía. Según Aristóteles, las personas que poseían rostros anchos eran medianamente inteligentes, los rostros pequeños eran fieles, los rostros redondos eran valientes y las cabezas grandes eran hostiles. También estudió especialmente las narices, ya que se creía que esta parte del cuerpo revelaba mucho sobre la persona. El filósofo creía que las personas que tenían una nariz afilada y puntiaguda podían ser provocadas fácilmente, mientras que las que tenían una gruesa y bulbosa eran insensibles. Las personas con una nariz delgada y ganchuda encarnaban la fuerza de un águila, y una nariz obtusa significaba el valor de un león.

En su tratado, Aristóteles también aclaró el enfoque de su estudio de las características generales y particulares de los rasgos individuales de los sujetos que transmitían la estupidez y el genio, junto con los puntos fuertes y débiles. Estos aspectos se estudiaban individual y colectivamente para determinar los resultados. Se consideraban rasgos individuales como el pelo, la voz, el color, el cuerpo y la forma de andar.

Estos estudios y descubrimientos evolucionaron lentamente y se extendieron a toda Europa durante el siglo XVI. Todo tipo de intelectuales, incluidos eruditos, médicos, científicos y filósofos, se propusieron encontrar la conexión entre el rostro de una persona y su personalidad y destino. Varios autores latinos clásicos, como Suetonio, Juvenal y Plinio el Viejo, se inspiraron en estos estudios y realizaron sus propias investigaciones. Sin embargo, a finales de la época medieval, estos estudios eran más astrológicos que descriptivos, lo que inspiró a la gente a utilizarlos en la magia y los hechizos esotéricos.

Otros eruditos europeos también se sumergieron en el estudio de la fisiognomía y aportaron sus propias versiones a esta disciplina. Estos eruditos fueron las figuras más conocidas de la época, entre los que se encontraban Tomás de Aquino, Avicena, John Duns Scoto y Alberto Magno.

He aquí las obras más notables de la fisiognomía que se remontan a la antigua Grecia:

· Fisiognomónica de Aristóteles - Un libro dividido en dos partes. El primer volumen se centraba en el comportamiento humano y en cómo la naturaleza se alinea con la forma humana. La segunda parte abordaba la naturaleza y el comportamiento de los animales, junto con los roles de género de los animales en su reino.

· Polemón de Laodicea, *de Physiognomonia* (siglo II), en griego

· Adamantio el Sofista, *Physiognomonia* (siglo IV), en griego

· Un autor anónimo latino, *de Physiognomonia* (siglo IV)

Sir Thomas Browne

Sir Thomas Browne fue un médico y filósofo inglés que influyó en la disciplina de la fisiología. En 1643, escribió un libro titulado *Religio Medici*, en el que discutía la posibilidad de que las cualidades interiores de una persona se reflejaran en su apariencia externa y en sus rasgos faciales. En la parte 2:2 del libro, escribe lo siguiente

"Existe seguramente una Fisiognomía, que aquellos experimentados y Maestros Mendicantes observan. (...) Porque hay místicamente en nuestros rostros ciertos Caracteres que llevan en ellos el lema de nuestras Almas, en los que el que no puede leer A.B.C., puede leer nuestras naturalezas".

Browne también afirma que los ojos y la nariz se comunican sin hablar y que las cejas pueden decir la verdad. Afirma que los rasgos individuales, la complexión y la constitución general de una persona también revelan verdades sobre ella. También acuñó el término "caricatura" para transmitir la sátira política en forma visual.

El trabajo de Giambattista Della Porta sobre la fisionomía celestial también supuso un avance en la disciplina. El erudito italiano sostiene que el temperamento de una persona era el responsable de su aspecto exterior, y no los astros como se creía comúnmente. En otra de sus obras, representó la forma humana con xilografías de animales. Browne y Della Porta coincidían en que las raíces, las hojas, los frutos y la estructura de una planta eran los responsables de la eficacia de sus propiedades medicinales, un concepto también conocido como la "doctrina de las firmas".

Johann Kaspar Lavater

Johann Kaspar Lavater fue un escritor suizo, párroco de la iglesia de San Pedro de Zúrich y fundador de la fisiognómica, un movimiento asociado a la religión y a las creencias antirracionalistas. Siempre fue objeto de vivas controversias, la mayoría de ellas relacionadas con la religión. Lavater fue deportado a Basilea en 1799 por liderar una protesta ilegal. A su regreso a Zúrich, resultó herido en una pelea con soldados franceses, tras de lo cual murió.

Dado su interés por la religión y las condiciones de rastreo "magnético", realizó varios estudios que, según él, podían ayudar a rastrear y determinar la energía divina presente en todos los seres humanos. Creía que la mente y el cuerpo estaban en constante interacción, lo que conducía al despertar de la energía espiritual y su influencia en el cuerpo de una persona. Sus descubrimientos pueden leerse en *Physiognomische Fragmente zur Beförderung der Menschenkenntnis und Menschenliebe*, su obra más notable y la razón de su notoriedad.

La antigua práctica taoísta Mien Shiang y la búsqueda del Wu Xing

El Mien Shiang (o Mien Xiang) es un antiguo arte chino de lectura facial que se practica desde el año 2700 a. C., durante el reinado del Emperador Amarillo. El arte de la lectura del rostro fue especialmente importante durante esa época. De hecho, se consideraba una de las cinco formas de arte integral de China, también conocida como Wushu. Se comparaba y se sigue comparando con otras artes y campos de estudio relacionados con la metafísica, como el Feng Shui, que es el estudio de la tierra, y el Bazi, el arte de la lectura del propio destino.

La palabra Mien se traduce como cara, y Xiang como estudio de los rasgos faciales. Los antiguos practicantes taoístas creían que el pasado de una persona es claramente aparente en su rostro, ya que fue registrado en el pasado. Así, se podía contar fácilmente la historia de una persona con solo mirar su rostro. Mucha gente confunde el arte del Mien Shiang (que consiste en la lectura del rostro) con la interpretación de las expresiones de una persona; en la práctica, ambas cosas son completamente diferentes. El Mien Shiang también puede realizarse en rostros sin expresión. Los rasgos faciales, como la profundidad de los ojos, la prominencia de las arrugas y los pómulos, la longitud de la nariz y las marcas en la cara, pueden leerse y analizarse para comprender la historia de una persona e incluso predecir su futuro.

Los principios del Mien Shiang incluyen

· Tres secciones de la cara: superior, media e inferior

· Yin/Yang

· Cinco órganos principales de la cara: ojos, orejas, cejas, nariz y boca

· Arrugas, líneas, lunares, cicatrices y manchas

· La forma de la cara

· Las doce casas de la cara

· Sheng Shiang - el sonido o la voz de una persona

· Nei Shiang - el pecho, la cintura, los hombros, el abdomen, el cuello, los pechos, la espalda y los antebrazos de una persona, entre otras partes del cuerpo

· Gu Shiang - la práctica de la lectura de los huesos, incluido el cráneo

· Dong Shiang - el movimiento básico de una persona y su patrón de comportamiento, como caminar, llorar, dormir, comer, estar de pie y sentarse.

El Wu Xing es el arte de estudiar los Cinco Elementos, las Cinco Fases, los Cinco Agentes, los Cinco Procesos, los Cinco Planetas, las Cinco Etapas, las Cinco Virtudes, los Cinco Venenos y las Cinco Vías de diferentes disciplinas, desde la energía innata de una persona hasta las propiedades medicinales de una planta. En esencia, cualquier tema puede estudiarse clasificándolo en cinco etapas de desarrollo.

Con la lectura facial, el Wu Xing puede representarse como las Cinco Fases o los Cinco Elementos, a saber, madera, fuego, metal, tierra y agua. Estos elementos se distinguen en función de los diferentes rasgos faciales y representan una región específica del rostro, pero no hay una designación específica; su rostro puede estar representado por uno o varios de estos elementos a la vez.

La historia de su popularidad y su escepticismo

Con el paso del tiempo, el estudio de la fisiognomía evolucionó y empezó a percibirse como un enfoque científico. En los siglos XVIII y XIX, se tuvo en cuenta y se utilizó en la medicina forense para identificar a los criminales, pero no tuvo mucha utilidad y se dejó de utilizar en parte a partir de entonces. Con la llegada del siglo XX, la fisiognomía fue descartada y desde entonces quedó relegada al rango de mero tema histórico.

Sin embargo, se siguió utilizando en varias obras culturales como las novelas románticas, los cuentos y los dramas literarios. Los cuentos de Edgar Allan Poe y *El retrato de Dorian Gray* de Oscar Wilde utilizan brevemente la fisiognomía en sus tramas.

Las técnicas de lectura de rostros que se siguen y practican hoy en día difieren en gran medida de las empleadas hace unos siglos. La evolución y los cambios en las antiguas técnicas de lectura de rostros son también bastante notables. Todavía se pueden encontrar largas escrituras sobre técnicas eficaces de lectura de rostros en los antiguos clásicos chinos y observar cómo evolucionaron estos patrones de interpretación.

En el siglo XX, un psiquiatra francés llamado Louis Corman acuñó el término *morfopsicología*, que sostiene que el funcionamiento interno del cuerpo de las personas y otras fuerzas vitales se unen para desarrollar diversas formas de cara. Por ejemplo, la expresión del instinto es visible a través de formas redondas y con cuerpo, mientras que la autoconservación se expresa a través de formas planas o huecas.

En los tiempos modernos se han realizado varios estudios relacionados con la fisiognomía. Algunas investigaciones realizadas en la década de los noventa establecieron que la honestidad, la calidez y el poder eran tres rasgos de personalidad que podían evaluarse mediante la lectura del rostro. Otro estudio sobre jugadores de hockey reveló también la correlación entre los minutos de sanción de un jugador y sus caras anchas. Si avanzamos hasta 2010, la fisiognomía se consideró principalmente como una parte del aprendizaje automático para introducir el reconocimiento facial en la inteligencia artificial. Solo con mirar la cara de una persona, los investigadores podían valorar su nivel de fuerza y sus características más destacadas.

En 2017, otro estudio más arrojó luz sobre un algoritmo que supuestamente podía predecir o detectar la orientación sexual de una persona, lo que finalmente se demostró que era peligroso y falso. Evidentemente, fue un tema de acalorada discusión y controversia.

Debido a la mayor individualidad y vulnerabilidad de los individuos modernos, la práctica de la fisiognomía suele considerarse discriminatoria e insensible, pero esta técnica se ha aplicado para comprender la evolución humana y las emociones de las personas en su forma auténtica. Debido a estas implicaciones científicas y emocionales, esta pseudociencia se sigue practicando en todo el mundo, pero con un enfoque más práctico y prudente.

La fisiognomía tal y como se percibe hoy en día

En el mundo actual, la cirugía plástica y estética se ha hecho muy popular. Mucha gente puede preguntarse: "¿Las alteraciones de la cara causadas por las cirugías de embellecimiento tendrán algún impacto en la lectura de los rostros?". La cirugía estética nunca es la respuesta cuando no se está satisfecho con un determinado rasgo de la cara. Para mejorar su exterior, debe trabajar en el interior. Por ejemplo, el acné y las manchas faciales recurrentes pueden deberse a una mala alimentación o a un problema de salud subyacente. Cambiando a alimentos más sanos y tratando la afección, puede eliminar estas manchas y decoloraciones, lo que finalmente le permitirá tener un rostro despejado. Paralelamente, deberá aprender a afrontar y manejar sus inseguridades. Trabajar en su bienestar mental y en su proceso de pensamiento está destinado a aportar mejoras sutiles, pero alentadoras en la imagen de sí mismo. Otros aspectos que pueden alterar sus rasgos faciales son las experiencias, el comportamiento, la tolerancia y su actitud general.

Como arte, la práctica de la lectura del rostro es relativamente más fácil en comparación con técnicas como la lectura de la palma de la mano, ya que no es tan evidente y puede practicarse sin que la persona (u otras personas) se den cuenta. De hecho, cada vez que se encuentra con alguien, es posible que lea su rostro instintivamente, por reflejo inconsciente. No se puede averiguar el carácter y las intenciones de una persona con un solo encuentro, y es ahí donde la lectura del rostro puede resultar útil. Esto es especialmente beneficioso en reuniones formales o en situaciones de gran tensión. Por ejemplo, supongamos que se reúne con un posible socio comercial. Allí puede determinar si será leal, digno de confianza o capaz de dirigir un negocio y llevarlo al éxito.

Del mismo modo, se puede evaluar el carácter de una persona basándose en una fecha (fecha de nacimiento) y determinar si es apta para ser su pareja permanente. Esto se aplica en casi todos los ámbitos.

Una cuestión importante, que también era frecuente en el pasado, es la forma de vivir. Independientemente de la nacionalidad, la cultura, la etnia y la posición social de una persona, se espera que todos se conformen y vivan de una determinada manera preestablecida. Los atributos con los que nace una persona están condicionados por sus mayores, la sociedad, la religión y las expectativas de los medios de comunicación. La mayoría de nosotros estamos atrapados en este bucle, intentando vivir de forma diferente y desvinculándonos del entorno en el que hemos nacido. O bien se recibe una recompensa por comportarse de forma "aceptable" o se castiga y se condena al ostracismo si no se es capaz de encajar. Aunque se esperan ciertos comportamientos por moralidad y tradición, muchos individuos simplemente deciden cambiar su visión de la vida por completo.

Como resultado, la mayoría de nosotros no nos sentimos "nosotros mismos"; nos falta una parte de nosotros. Llega un momento en la vida de todos en el que nos sentimos perdidos y nos volvemos poco amables con nosotros mismos. La expresión del amor propio se pierde por el camino. Dado que el rostro es un libro abierto a nuestra alma, a nuestro pasado y a nuestro destino, llegamos a saber quiénes somos realmente y en qué estamos destinados a convertirnos. Llega a saber por qué usted actúa de determinada manera y adquiere la capacidad y el poder de cambiarse a sí mismo para mejor. Al mismo tiempo, también logra entender a las personas que le rodean y por qué muestran un determinado comportamiento hacia usted. En última instancia, esto le ayuda a convertirse en la mejor versión de sí mismo y le dota de sentimientos de empatía y aceptación; no solo se acepta y se quiere a sí mismo, sino que también deja que los demás sean quienes son y quienes quieren ser. Con el tiempo, usted dejará de sentir ira u odio hacia los demás, lo que también le ayudará a equilibrar su salud mental y le otorgará paz interior.

Capítulo 2: Conceptos básicos sobre el rostro: El mapa facial

Ahora que ha adquirido un sólido conocimiento de fondo, este capítulo trata sobre el aprendizaje de los fundamentos de la lectura del rostro y la exploración de las diferentes secciones de la cara. Con estos conocimientos prácticos, podrá captar fácilmente los rasgos de una persona simplemente observando la forma de su cara y estudiando sus rasgos faciales individuales.

Formas del rostro

Tal y como se ha establecido, la forma de su rostro puede indicar su carácter, sus rasgos prominentes y su personalidad en general. Veamos las formas básicas de la cara y lo que dicen de su personalidad.

Forma cuadrada

Para empezar, las personas de cara cuadrada suelen ser impulsivas y tienen buenas cualidades de liderazgo. Suelen soñar con ser directores generales o con dirigir una empresa. Si conoce a una persona con la cara cuadrada y la frente ancha, es probable que esa persona sea dominante, poco ética y agresiva. Siempre que conversen, serán educados con usted, pero cualquier forma de comentario burdo o altivo puede hacer que se vuelvan agresivos. También están dotados de una capacidad de decisión ágil, lo que explica su capacidad de liderazgo y su mentalidad emprendedora. Son muy motivados y hacen todo lo posible para que las cosas sucedan, de ahí que sean líderes estelares. Paralelamente, también son aptos para el ring de lucha debido a su comportamiento combativo. Un rostro de forma cuadrada suele denominarse "rostro de tierra" en la lectura tradicional china de los rostros.

Atributos comunes de una cara cuadrada

· **Pragmatismo:** Estas personas siempre tienen un enfoque práctico de la vida. Ya sea en los negocios, en los estudios o en su vida personal, siempre tomarán decisiones prácticas y meditadas en lugar de tener en cuenta sus emociones. Suelen adoptar un enfoque metódico en su trabajo, lo que les ayuda a sobresalir en sus esfuerzos.

· **Con los pies en la tierra:** Tienen los pies en la tierra y son humildes, y casi nunca se les ve presumir de sus logros, su riqueza o su estilo de vida.

· **Jugadores seguros:** Estas personas prefieren ir a lo seguro, ya que temen correr riesgos. Tanto en sus relaciones personales como en su carrera, prefieren mantenerse alejados del peligro ciñéndose a las convenciones y normas.

· **Tranquilos y fiables:** Si se les encomienda cualquier tarea, la cumplirán y producirán resultados satisfactorios, lo que les hace muy fiables. Son tranquilos, reservados y prefieren quedarse en su propia zona.

· **Perceptivos:** Tienen su propio punto de vista, que no les importa compartir. Los demás confían en su naturaleza perspicaz, ya que siempre parecen exponer puntos lógicos y bien argumentados.

Cuadrada

Forma de corazón

Las personas con rostro en forma de corazón son apasionadas y románticas, especialmente en el dormitorio. Dado que la forma de corazón refleja sentimientos de romanticismo, las personas con esta forma de cara suelen ser sexualmente desinhibidas. Si la cara es ancha y corta, puede significar que la persona es sexualmente activa y tiene una libido intensa. El rostro con forma de corazón suele denominarse "rostro de madera" en las técnicas chinas tradicionales de lectura de rostros.

Atributos comunes de una cara de corazón

· **Físico modesto:** Estas personas tienden a ser perezosas y no disfrutan del trabajo al aire libre, lo que se traduce en una mala condición física. Evidentemente, una carrera deportiva no es la opción más sabia para estos individuos.

· **Responsables y grandes líderes:** Estos individuos son lo suficientemente responsables y capaces de llevar a un equipo al éxito.

· **Curiosos por naturaleza:** Las personas con rostro en forma de corazón son curiosas por naturaleza y siempre están dispuestas a ampliar sus conocimientos y adquirir nuevas habilidades. También dedican la mayor parte de su tiempo a analizar nuevos temas y a recopilar conocimientos de donde puedan.

· **Capacidad de ver el panorama general:** Toman decisiones eficaces y siempre están más cerca de sus objetivos gracias a su capacidad para dar un paso atrás y ver el panorama general. Están centrados y prestan atención a las metas o hitos más pequeños, lo que les ayuda a alcanzar los objetivos rápidamente.

· **Alta capacidad mental:** Las personas con una capacidad mental desarrollada son más propensas a tomar decisiones inteligentes, lo que también las hace idóneas como figuras políticas y directores generales. También tienen una gran capacidad de persuasión.

Una cara con forma de corazón también indica que alguien es muy agradable para la gente y quiere estar siempre rodeado de otros. A menudo se les considera ambiciosos, a medio camino entre la introversión y la extraversión, aunque eso depende de la situación y las circunstancias. La forma en que definen sus relaciones y el ocio es un rasgo destacado de su personalidad. Si observa a una mujer con la barbilla hundida, la nariz y los labios algo más grandes y la mandíbula roma, indica que es sociable y que le gusta conocer gente nueva. Por el contrario, las mujeres con una mandíbula más afilada y una nariz roma o más pequeña suelen ser introvertidas y prefieren mantenerse al margen. No se desviven por conocer gente nueva a menos que sea absolutamente necesario. Por último, también son grandes planificadoras, lo que las convierte en buenas empleadas y gestoras.

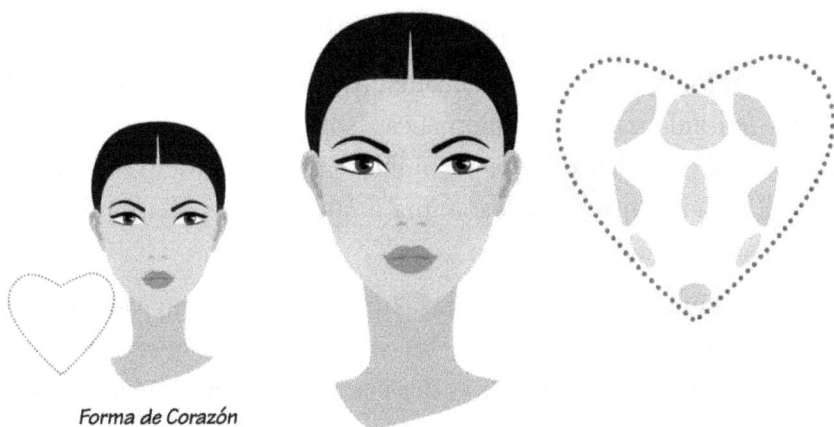

Forma de Corazón

Forma de Corazón

Forma redonda

Curiosamente, un rasgo peculiar con el que se relaciona esta forma de cara es el ronquido. Las personas con una cara redonda tienden a roncar mucho, independientemente de su edad, peso y estado de salud general. Aunque esto no es cierto para todos los individuos con forma redonda, las probabilidades son muy altas. Además, el hábito de los ronquidos escandalosos no se limita solo a las caras redondas, sino que también puede afectar a individuos con ciertos problemas de salud. En las técnicas tradicionales chinas de lectura de rostros, la cara redonda suele denominarse "cara de agua".

Atributos comunes de un rostro redondo

· **Inteligentes y diligentes:** Estas personas se toman muy en serio su trabajo gracias a su concienciación y a las normas que se imponen a sí mismas. Como también son inteligentes, suelen tener éxito en la realización de las tareas que se les plantean.

· **Diplomáticos y con mentalidad de negocios:** Las personas de cara redonda son muy diplomáticas, sobre todo porque quieren ir a lo seguro y evitar debates o conflictos triviales. Además, su fuerte mentalidad empresarial los anima a convertirse en empresarios o directores generales de éxito.

· **Optimistas y solidarios:** Estas personas son muy optimistas y prefieren ver lo positivo en las situaciones negativas. Prefieren aprender de las circunstancias desafiantes y creen que todo sucede por una razón. A todo el mundo le gusta estar cerca de ellos debido a su naturaleza cariñosa.

· **Creativos e intuitivos:** Estas personas suelen ser creativas y tienen un poder imaginativo ejemplar. Por ello, son muy adecuadas para trabajos creativos en el ámbito del arte, la creación de contenidos o el marketing. Tienen una fuerte intuición, que a menudo les salva de situaciones complicadas.

Las personas con ojos grandes y cejas arqueadas o altas suelen estar de acuerdo con la mayoría de las cosas que se les plantean.

Suelen tener la frente estrecha o corta. Están de acuerdo con la mayoría de la gente que les rodea debido a su franqueza y capacidad para aceptar diferentes puntos de vista sin emitir juicios. A veces, estas personas también se muestran complacientes con los demás solo para agradarles, aunque no estén fundamentalmente de acuerdo. Por último, son soñadores y suelen tener sueños sexuales vívidos.

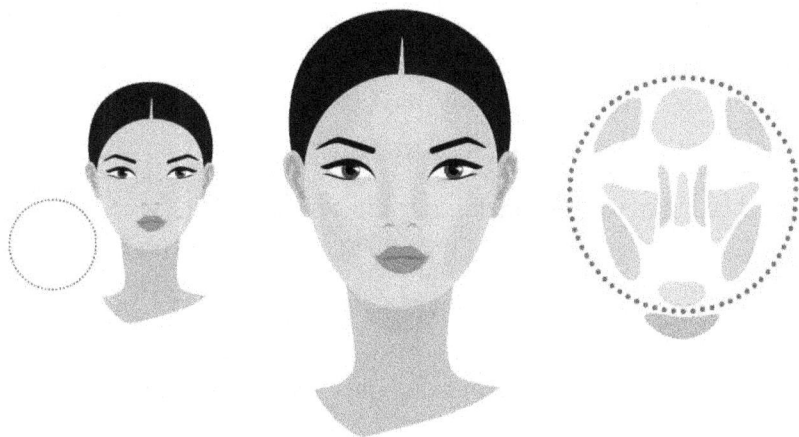

Redonda

Forma ovalada

Los rostros ovalados son los más atractivos. La gente se siente atraída al instante por un rostro ovalado, ya que difiere ligeramente de otras formas de cara comunes. De hecho, las personas con rostros ovalados son tan guapas que son aptas para participar en concursos de belleza. El rostro ovalado suele denominarse "rostro de metal" en la lectura tradicional china del rostro. Se caracteriza por una simetría perfecta, mandíbulas cinceladas y una barbilla afilada. Aunque una persona con un rostro ovalado no tenga todos estos rasgos prominentes, mostrará al menos uno de ellos.

Atributos comunes de un rostro ovalado

· **Un alto coeficiente intelectual:** Estas personas son muy inteligentes y suelen ganar en los debates gracias a su eficaz retórica y razonamiento lógico.

· **Honestos:** Siempre son honestos, lo que les convierte en parientes, amigos o cónyuges dignos de confianza y leales.

· **Firmes:** Cuando se les exige, pueden ser extremadamente firmes. Tienen un gran sentido del juicio, lo que les convierte en grandes líderes. Además, como se atienen a las reglas y son francos, pueden ser jueces, diplomáticos, gerentes o un rol similar con éxito. ·

· **Autocríticos:** Los individuos de cara ovalada pueden ser algo duros consigo mismos. Cuando las cosas no salen según sus expectativas, se arrepienten de sus acciones y se critican a sí mismos, pero saben aprender de sus errores y avanzar rápidamente.

· **Fuerza física débil:** Estos individuos suelen carecer de fuerza física, por lo que suelen fracasar en el atletismo. Los interesados en una carrera deportiva deberían replantearse su decisión.

Otro rasgo destacado de las personas con esta forma de cara es que pueden ampliar su visión y evaluar sus perspectivas de futuro. Pueden ver el panorama general y decidir en consecuencia. Además, estas personas son capaces de resolver problemas con facilidad, lo que aumenta su valor como responsables eficaces de la toma de decisiones. Llevan la cuenta de sus tareas de forma experta y trabajan duro para cumplirlas. Un rostro con la misma anchura y altura está dotado de poder e irradia un aura positiva. Como tienen la capacidad de ver el panorama general, pueden mantenerse centrados en la consecución de los hitos que los llevarán a sus objetivos finales.

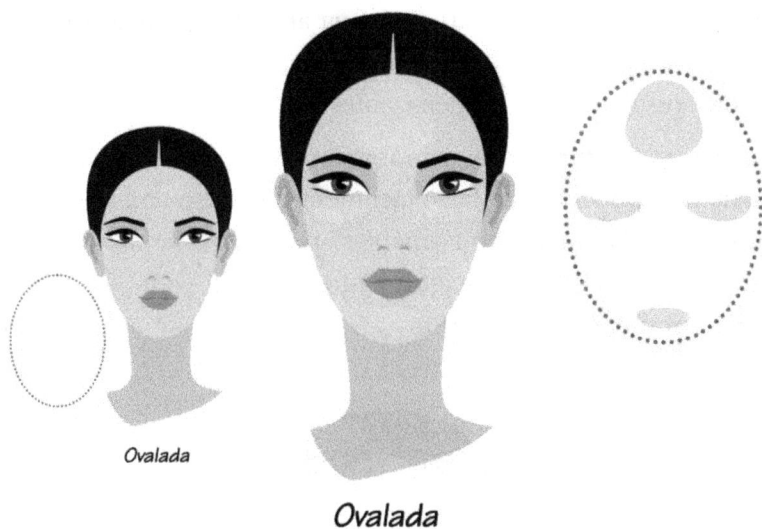

Ovalada

Ovalada

Forma de diamante

Las personas con el rostro en forma de diamante son las más fiables y hacen de vecinos amables. Si necesita ayuda, son las personas a las que puede acercarse sin ninguna reserva. Suelen ser más rectos que los demás. Una persona con cara en forma de diamante suele tener una mandíbula estrecha, pómulos altos y una barbilla pequeña. Aunque esta forma se considera estéticamente media en comparación con otras, la mayoría de la gente se acerca a ella por sus vibraciones alegres y amistosas. Esto también tiene que ver con la psicología; la mayoría de la gente suele tener celos o sentirse intimidada por la gente guapa, ya que puede suponer una amenaza para su vida social. Dado que los rostros con forma de diamante se consideran algo promedio, resultan menos amenazantes y más accesibles.

En marcado contraste con su rasgo amistoso, las personas con esta forma de cara pueden enfadarse fácilmente. Pueden tener mal genio y reaccionar rápidamente. Son amables, pero si se les lleva al límite, seguramente devolverán el ataque y mostrarán su naturaleza agresiva, que puede resultar bastante feroz.

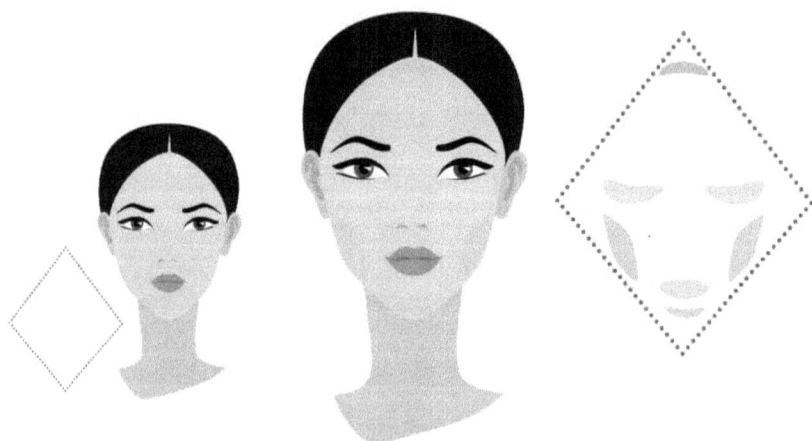

Forma de Diamante

Forma rectangular

Al igual que las caras cuadradas, las personas con esta forma también son líderes hábiles. Como la forma rectangular suele considerarse fuerte, también se refleja en los rasgos de quienes tienen esta forma de rostro. Si conoce a una persona con una cara rectangular, con una frente amplia, pómulos altos y mandíbulas afiladas, es muy probable que tenga poderosas habilidades de liderazgo y sea más fuerte que las personas con una cara estrecha. Los rostros de forma rectangular se comparan a menudo con los rostros alargados. Y aunque los rostros alargados tienen el mismo conjunto de habilidades y cualidades de liderazgo, los primeros son líderes más fuertes y eficaces. Se puede observar que los directores generales con rostros rectangulares suelen ser más poderosos y suelen conducir a su empresa hacia el éxito comercial y financiero.

Al igual que las personas con rostros en forma de diamante, un rasgo negativo importante de los que tienen rostros rectangulares es que pueden tener mal genio y ser rápidamente agresivos. En casos extremos, estas personas pueden necesitar clases de control de la ira. El lado positivo es que son grandes pensadores y suelen pensar con la lógica en lugar de con las emociones y el instinto, pero son propensos a pensar demasiado y a autoinfligirse estrés, lo que puede arruinar sus decisiones o planes.

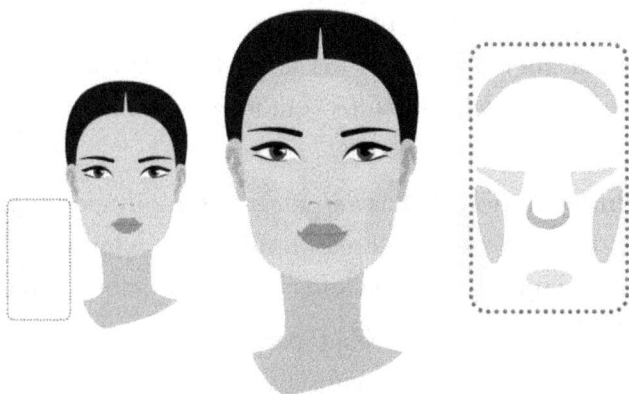

Rectangular

Forma de triángulo

La forma de triángulo también suele denominarse rostro en forma de perla. Se caracteriza por una mandíbula ancha y una frente estrecha. El mentón suele ser acampanado y bastante dominante en comparación con otros rasgos faciales. Las personas con esta forma de cara suelen querer liderar a los demás y estar al mando, lo que les convierte en magníficos gestores de negocios o propietarios de empresas. Si la frente es demasiado estrecha, esto refleja su incesante necesidad de estar al mando. Son capaces de hacer cualquier cosa para demostrar su capacidad de liderazgo y tomar el control. La planificación de fiestas y la gestión de eventos son opciones profesionales ideales para ellos. En general, esta necesidad de controlar y gestionar se deriva de su deseo de triunfar, lo que les ayuda a alcanzar antes sus objetivos y a ganar dinero mediante un trabajo duro y honesto. El rostro con forma de triángulo suele denominarse "rostro de fuego" en la lectura tradicional china de los rostros.

Atributos comunes de un rostro triangular

· **Brillante e Iluminador:** Estas personas difunden la alegría y la risa a su alrededor, lo que aumenta su capacidad de atraer a los demás y de entablar amistades. En cuanto entran en una habitación, esta se ilumina. Esta cualidad iluminadora significa que pueden convencer a la gente para que esté de acuerdo con ellos y cambiar su mentalidad con relativa facilidad. Puede ser muy beneficioso en determinados entornos, como un trabajo de relaciones públicas o de ventas.

· **Indulgente:** Son demasiado alegres y motivados para guardar rencores y creen que los seres humanos cometen errores. Según ellos, todo el mundo debería tener una segunda oportunidad.

· **Sociables y con capacidad para relacionarse:** En el mundo laboral, las personas con cara triangular hacen contactos con facilidad, lo que es beneficioso para su carrera y desarrollo profesional. Como pueden dirigir un equipo y son capaces de motivar a los demás, son excelentes oradores y presentadores. Siempre buscan un público para mostrar sus habilidades y sentirse importantes.

· **Carácter irascible:** Las personas con forma de triángulo se enfadan con facilidad. Aunque tienen mucho empuje y talento, su mal genio puede interponerse en su camino y echar a perder valiosas oportunidades. En situaciones intensas, estas personas pueden distraerse de sus objetivos y ver retrasado su éxito debido a su temperamento brusco y vehemente.

Los individuos con forma de cara triangular son muy extrovertidos y pueden hacer amigos sin pretensiones. Es divertido estar con ellos y desprenden felicidad y vibraciones positivas. Brillan con fuerza y quieren que los demás también brillen, lo que explica su carácter inspirador y motivador.

Triángulo con forma en A

Entendiendo las Doce Casas - una de las principales jergas de Mien Shiang

También conocidas como los Doce palacios o las Doce secciones, las Doce casas hacen referencia a las doce formas básicas de leer los rostros. El número doce es significativo en la lectura del rostro porque los antiguos libros chinos de fisiognomía establecían doce secciones del rostro humano. La ubicación de estas doce casas se alinea con la fortuna del individuo. Paralelamente, otros factores que se cree que influyen en el rostro tienen que ver con la disposición, la forma, el brillo y el color de estas doce casas.

1. Casa de la vida

Ubicación: Entre las cejas y por encima de la nariz.

Qué representa: La fortuna del individuo a lo largo de su trayectoria.

Qué sugiere: Si la línea es gruesa y carece de líneas finas, surcos y lunares, significa que el individuo será bendecido con riqueza y éxito en sus últimos años.

2. Casa de los hermanos

Ubicación: En las cejas

Lo que representa: La relación que uno tiene con sus hermanos, amigos y conocidos cercanos. La ceja derecha representa la relación con las hermanas y la ceja izquierda sugiere la relación con los hermanos.

Lo que sugiere: Si el individuo tiene las cejas gruesas y lisas, tiene un amplio círculo de amigos de confianza. En cambio, si alguien tiene las cejas desordenadas, significa que sus amigos son viles.

3. Casa de la Riqueza

Ubicación: En el vértice y las alas de la nariz.

Qué representa: El rendimiento de una persona en su carrera profesional y la riqueza que amasará.

Qué sugiere: Si las alas y el ápice de la nariz son brillantes y están llenos, podría indicar que se avecinan buenas oportunidades. Por el contrario, una persona que tenga un ápice con un lunar podría tener dificultades en su carrera y carecer de oportunidades durante un periodo prolongado, pero si el ápice aparece inyectado en sangre o alberga granos, podría indicar pérdidas financieras inesperadas.

4. Casa de la Salud

Ubicación: Puente de la nariz.

Qué representa: El estado de salud de un individuo y la calidad de sus atributos físicos.

Qué sugiere: Si el puente de la nariz está brillante y sin cicatrices, roturas, líneas, surcos o lunares, indica una salud afortunada y felicidad.

5. Casa del matrimonio

Ubicación: El rabillo del ojo.

Lo que representa: La salud de una relación o un matrimonio.

Qué sugiere: Si el rabillo del ojo está brillante y lleno, indica una relación sana y un matrimonio largo. Si se hunde o tiene lunares, podría predecir una relación tortuosa. Mientras que un rabillo izquierdo oscuro para una mujer significa que su cónyuge tiene una aventura o participa en indulgencias extramatrimoniales, el derecho oscuro suele significar que se enfrenta a obstáculos en su matrimonio.

6. Casa de los hijos

Ubicación: Debajo de los ojos.

Qué representa: La salud, las incidencias y la información relacionada con sus hijos.

Qué sugiere: Si sus ojos tienen bolsas debajo de ellos o si la piel se hunde, puede indicar que no tiene hijos. Si la zona y la piel de debajo de los ojos están hinchadas, indica que va a tener hijos o que ya los tiene. Pero no debería estar demasiado rellena, ya que podría predecir resultados desfavorables. Si la zona de debajo de los ojos está llena de arrugas o tiene lunares, significa que se preocupa demasiado por el bienestar y el futuro de sus hijos. En los hombres, la parte izquierda de la Casa de los hijos indica hijos, mientras que la parte derecha sugiere hijas.

7. Casa de la carrera

Ubicación: En medio de la frente.

Lo que representa: Su posición en su lugar de trabajo y su carrera.

Qué sugiere: Si la Casa de la carrera está ligeramente elevada y llega hasta la nariz, indica que tendrá un buen rendimiento en el trabajo y que destacará en su carrera, pero si tiene arrugas, hoyos, líneas o lunares, podría significar posibles problemas en su vida profesional, como el despido, la pérdida del trabajo o el desempleo prolongado. Chiang Kai-shek, una renombrada figura política histórica china, tiene la Casa de la carrera deseada.

8. Casa de los viajes

Ubicación: En las patillas.

Lo que representa: Su viaje, las oportunidades y la fortuna de los viajes.

Qué sugiere: Si sus patillas tienen arrugas, surcos, líneas o lunares, significa que podría haber problemas con sus próximos planes de viaje. Por lo tanto, se aconseja quedarse en casa y evitar viajes innecesarios. En cambio, si están brillantes y rellenas, puede viajar con seguridad y esperar a que se produzcan viajes enriquecedores en el futuro.

9. Casa de la asistencia

Ubicación: A cada lado de la barbilla.

Qué representa: La cantidad de ayuda que recibe de sus subordinados, cónyuge o asistentes, y lo competentes que son.

Qué sugiere: Si los lados de la barbilla son rectos y suaves, indica que sus subordinados son serviciales y le guiarán a lo largo del viaje. Pero si están hundidos, podría significar que sus ayudantes no son lo suficientemente competentes para ayudarle en su trabajo. También podría significar que son deshonestos y que no debe confiar del todo en ellos.

10. Casa de los padres

Ubicación: Por encima del punto de inicio de la ceja.

Lo que representa: A sus padres. El punto de la ceja derecha representa a su madre, y el punto de la ceja izquierda representa a su padre.

Qué sugiere: Si el punto de inicio de las cejas es brillante, regordete y suave, indica la longevidad y la salud de sus padres. Pero si es insolente, áspero o tiene un lunar o un surco, podría afectar considerablemente a estos dos aspectos. En este caso, asegúrese de llevar un buen control de la salud de sus padres.

11. Casa de la Propiedad

Ubicación: En el párpado superior.

Qué representa: Los bienes de una persona, la herencia, la residencia, la vivienda y el amor familiar.

Qué sugiere: La Casa de la propiedad se manifiesta cuando el párpado superior está elevado, en particular el punto más alejado de la ceja. En este caso, al niño le resulta más fácil heredar los bienes ancestrales, y a menudo se los dan sin pedirlos. Sin embargo, si la ceja está demasiado cerca del párpado superior, o si se observa que alguien tiene la cuenca del ojo hundida, suele significar que tendrá problemas para heredar sus bienes ancestrales.

12. Casa de la Fortuna y la Emoción

Ubicación: Por encima de la curva de la ceja y a los lados de la Casa de la carrera.

Qué representa: La fortuna, la salud emocional y la salud mental.

Lo que sugiere: Si la Casa de la fortuna y las emociones está abultada, significa que usted es optimista y está en paz consigo mismo. Pero si está hundida, podría indicar una mentalidad negativa y una naturaleza pesimista. También podría significar que le falta confianza en sí mismo. Por último, si la Casa de la fortuna y las emociones es de color oscuro, la persona podría sufrir pronto debido a su mala suerte.

Cielo, Hombre y Tierra

La antigua lectura de rostros china también seguía otro método para leer los rostros y marcar sus atributos, a saber, con las secciones de Cielo, Hombre y Tierra. La zona que va desde la frente hasta la punta de las cejas superiores se conoce como Cielo, la parte central entre las cejas superiores y la punta de la nariz se llama Hombre, y la última sección de la cara, por debajo de la nariz hasta la barbilla, se llama Tierra. El Cielo se asocia con los primeros años o la juventud. El Hombre se asocia a la edad media y la Tierra a la vejez. Si se observan cicatrices, decoloración o costras en alguna sección en particular, puede relacionarse con problemas en la vida de la persona durante ese período relevante. Por ejemplo, si observa decoloración cerca de la zona de la barbilla de una persona, significa que esta puede sufrir en su vejez.

Si las marcas son temporales, esto indica que la persona sufrirá temporalmente y superará la dificultad una vez que haya pasado la fase difícil. Por lo tanto, antes de leer el rostro de una persona a través de su marca, pregunte si la mancha es un hematoma temporal o una marca de nacimiento permanente. Incluso si hay una mancha en la cara de alguien, podría significar algo. En general, cualquier forma de decoloración o adivinación se relaciona con la intuición del lector de rostros.

Según la antigua tradición china de lectura del rostro, estas tres zonas representan los siguientes atributos:

1. Cielo

Esta sección se encuentra entre la línea del cabello y la punta de la ceja superior, y representa la infancia de una persona y su destino durante sus primeros años.

Aspectos positivos: Si la zona está libre de manchas, marcas, bultos, cicatrices, decoloración o cualquier otro defecto aparente, significa que la persona ha tenido una infancia feliz y un buen comienzo en la vida. Denota una relación sana con sus padres, amigos y compañeros. Además, la persona fue bendecida con una educación notable, valores y un estilo de vida saludable.

Aspectos negativos: Por el contrario, si la persona muestra cicatrices, protuberancias, líneas o decoloración en la parte del cielo, podría significar que ha tenido una infancia problemática o traumática, lo que también podría afectar a sus etapas posteriores de la vida. Aunque una frente ancha es generalmente preferible, no es del todo deseable para las mujeres, ya que podría presagiar malas relaciones. Si la desfiguración se observa en el lado derecho, es perjudicial para las mujeres. Por el contrario, una desfiguración en el lado izquierdo es indeseable para los hombres. La mayoría de las personas tienen líneas en la frente, lo que sugiere los principales rasgos de una persona, mientras que algunas líneas indican suerte; otras representan dificultades y desgracias.

2. Hombre

La parte central del rostro de una persona indica sus rasgos y su destino durante la edad adulta.

Aspectos positivos: Si la zona está libre de manchas, marcas, protuberancias, cicatrices, decoloración o cualquier otro defecto aparente, significa que la persona será productiva, feliz y se le promete una gran carrera. Serán bendecidos con una vida profesional deseable y sobresaldrán para alcanzar el éxito. También significa que disfrutarán de relaciones felices y estables.

Aspectos negativos: Por el contrario, si la persona tiene cicatrices, protuberancias, líneas o decoloración dentro de la sección del Hombre, podría significar que podría enfrentar un bloqueo en su vida amorosa y en su carrera. Pueden ver retrasado su éxito o incluso perder su trabajo. Su relación podría verse afectada debido a una ruptura inesperada o a un matrimonio fallido. Además de las cicatrices y la coloración, la longitud y el tamaño de la sección del Hombre también importa; si es más larga que las otras dos secciones, significa que la persona está decidida e impulsada a cumplir sus objetivos. También retrata una personalidad y un carácter de autodisciplina.

3. Tierra

La sección inferior de la cara, tradicionalmente denominada sección de la Tierra abarca desde la parte inferior de la nariz hasta el final de la barbilla.

Aspectos positivos: Si la zona está libre de manchas, marcas, protuberancias, cicatrices, decoloración o cualquier otro defecto aparente, significa que la persona tendrá una vejez satisfactoria con relaciones estables y duraderas e hijos cariñosos. También indica una carrera exitosa y una vida de jubilación cómoda. Al mismo tiempo, también podría significar que han sido bendecidos con buena salud a pesar de su avanzada edad.

Aspectos negativos: Por el contrario, si la persona tiene cicatrices, protuberancias, líneas o decoloración en la sección de la Tierra, podría significar que podría tener una vejez infeliz. Podría sufrir una mala salud o sufrir una pérdida inesperada, lo que le dejaría solo en sus últimos años.

Este método de lectura de un rostro es el más fácil y accesible y puede predecir la vida de una persona a lo largo de diferentes etapas. Si se quiere leer rápidamente a alguien y advertirle de cualquier posible acontecimiento negativo, esto puede ayudarle a tomar las medidas necesarias y dar un giro a la situación. Si alguna de estas tres divisiones parece más comprimida que otras, significa que la persona ha tenido o tendrá una vida difícil durante ese periodo. Por ejemplo, si su frente (sección del Cielo) es más pequeña que la sección del Hombre o de la Tierra, ha tenido una infancia difícil.

Trece divisiones

Otra forma detallada de leer el rostro de alguien en la filosofía tradicional china es dividir la cara en trece subsecciones, empezando por la parte inferior de la línea del cabello hasta la punta inferior de la barbilla. A diferencia de las Doce Casas explicadas anteriormente, estas trece divisiones son más específicas en términos de ubicación y alineación. Las divisiones comienzan en la parte superior de la frente y se extienden hasta la barbilla, extendiéndose horizontalmente a lo largo de la cara.

Las tres secciones principales (Cielo, Hombre y Tierra) se dividen a su vez en 13 secciones. A continuación, se presenta un desglose detallado de cada una de ellas:

1. Tien Chung

Ubicación: Directamente debajo de la línea del cabello, el primer punto - en la sección del Cielo.

Qué sugiere: Al estar situado en la sección del Cielo, representa la vida de una persona durante la infancia. Si no tiene costras, decoloración o cualquier otra marca, indica que la persona ha tenido o tendrá una infancia feliz y saludable. Al mismo tiempo, disfrutará de relaciones satisfactorias con sus padres, profesores, amigos y conocidos, no solo en su infancia, sino también en una experiencia igualmente alegre a lo largo de su juventud. Pero si hay marcas o manchas en esa zona concreta, podría indicar una infancia dolorosa llena de dificultades y sufrimiento. Si observa marcas o venas oscuras en esa zona, podría significar que la persona podría haber sufrido un accidente grave. También debe advertir a la persona de una pérdida repentina, que podría ser económica o concerniente a una relación personal. Si se trata de un pico de viuda, podría significar que su padre podría fallecer antes que su madre.

2. Tien Ting

Ubicación: Debajo de Tien Chung, en el centro de la frente - en la sección del Cielo.

Lo que sugiere: Esto se refiere sobre todo a las relaciones familiares, especialmente con la madre y el padre. Si la zona está marcada o coloreada, podría apuntar a circunstancias negativas en sus relaciones personales. Además, una marca en este punto indica deshonestidad y revela instantáneamente que una persona no dice la verdad.

3. Ssu K'ung

Ubicación: Justo encima del centro de las cejas - en la sección del Cielo.

Qué sugiere: Representa la fortuna y la carrera de un individuo. La ausencia de decoloración o una tez uniforme significa que la persona no debe preocuparse por su carrera. Está destinado a tener éxito profesional. Si nota alguna decoloración o mancha en este punto, podría indicar un obstáculo en la carrera del individuo. Puede ser temporal o permanente, dependiendo de la situación de la persona y de su historial de decoloración (resultado de un accidente o de cicatrices de acné).

4. Chung Cheng

Ubicación: Alrededor del centro de las cejas - en la sección del Cielo.

Lo que sugiere: Si esta zona alberga una marca, una mancha o cualquier forma de decoloración, indica mala suerte. La persona es indecisa o incapaz de esforzarse por alcanzar sus objetivos. También puede implicar la incapacidad de la persona para mejorar su imagen personal, lo que puede obstaculizar sus planes de vida y sus objetivos futuros. Si la zona está hundida, puede ser el signo de un intelecto inferior a la media y de una escasa capacidad de evaluación. Por último, cualquier mancha, marca o protuberancia significa una vida social poco fructífera y la incapacidad de hacer nuevos amigos; la persona difícilmente tendrá amigos o conocerá a alguno en el futuro. Pero si la zona es clara y lisa, indica que tomará decisiones acertadas, actuará según sus planes, trabajará duro para conseguir sus objetivos y tendrá una vida social gratificante.

5. Yin Tang

Ubicación: Directamente sobre el centro de las cejas - en la sección del Cielo.

Lo que sugiere: Si las cejas se juntan, total o parcialmente, esto también indica mala suerte y podría significar que la persona no recibe suficiente respeto. En la lectura del rostro en China, se cree que esta es una de las formas más visibles y obvias de mala suerte. Cualquier mancha, lunar, bulto o decoloración en esta zona revela mala suerte en términos de herencia, salud o adopción. También se considera una señal de futuro encarcelamiento. Si el individuo tiene más de cuarenta años y muestra arrugas o líneas en esta zona, no tiene mucho de qué preocuparse, salvo un poco de estrés o tensión que podría afectar a su salud. Alguien menor de cuarenta años con estas arrugas o pliegues suele estar estresado por su carrera, sus relaciones personales y otros aspectos importantes de su vida. También tienen un carácter celoso y pueden sentirse fácilmente intimidados por los demás. Los defectos en esta zona también indican la posibilidad de haber tenido dificultades durante la juventud, pero si la zona es lisa, clara y saludable, significa que la persona se desempeñará bien en los negocios y es probable que obtenga una herencia.

6. Shan Gen

Ubicación: El centro de las cejas o en el Tercer Ojo - en la sección del Hombre.

Lo que sugiere: Como se ha mencionado anteriormente, una ceja única sugiere principalmente mala suerte. Si la zona es de color gris o muestra una decoloración oscura, puede significar que la persona puede estar sufriendo una enfermedad. Si se ve una mancha de color verde en esta zona, puede revelar prácticas adúlteras. Cualquier otra forma de mancha, lunar o protuberancia indica problemas digestivos y estomacales o incluso encarcelamiento. También puede significar que la persona está deseando emigrar. Sin embargo, si la zona es clara, significa que goza de buena salud y estabilidad en su vida.

7. Men Shang

Ubicación: Por debajo del punto central de las cejas, el punto de partida de la nariz - en la sección del Hombre.

Lo que sugiere: Una zona clara indica buena salud y relaciones personales estables, especialmente a una edad temprana. Si la zona es oscura, el niño puede enfermar o sufrir complicaciones de salud repentinas. Si la zona está descolorida o tiene lunares, indica problemas digestivos y estomacales tanto para ellos como para su pareja. Si no es así, el individuo también podría tener problemas en su relación personal, específicamente con su cónyuge.

8. Shou Shang

Ubicación: En el centro del puente de la nariz - en la sección del Hombre.

Lo que sugiere: Si una mujer tiene un lunar o una decoloración en el puente de la nariz, podría indicar problemas en su relación personal o sentimental. También debería advertir a su marido de enfermedades repentinas o problemas de salud. La mujer puede enfrentarse a muchas dificultades en su vida, especialmente en lo que respecta a las relaciones y al compromiso a largo plazo. Los hombres con una decoloración o lunares similares en esta zona también pueden enfrentarse a problemas de salud, aunque aún no estén casados. Si la estructura ósea nasal de una persona parece abultada o de alguna manera fuera de forma, podría causar problemas en su negocio o carrera. Sin embargo, un puente nasal liso y sin manchas o decoloraciones significa éxito en la profesión, mejor salud y relaciones personales estables.

9. Chun T'ou

Ubicación: Punta de la nariz - en la sección del Hombre.

Lo que sugiere: Si la punta de la nariz tiene lunares, manchas o decoloración, indica mala suerte en todos los aspectos de su vida: vida personal, relaciones, carrera, salud y demás. Sin embargo, si la punta está libre de puntos negros, marcas, manchas, lunares o cualquier otra cosa, indica buena suerte y fortuna en todas las áreas de su vida.

10. Jen Chung

Ubicación: En el punto de hundimiento por encima de los labios y justo debajo de la nariz - en la sección de la Tierra.

Lo que sugiere: Esta zona surcada, que también se conoce como el filtrum de la línea caída, también representa la suerte de una persona. A diferencia de otras zonas que solo denotan suerte a través del color y la textura, esta zona cuenta la historia de una persona a través de su forma y profundidad. Si el filtrum es ancho en la base y estrecho en la parte superior, significa que la persona será bendecida con riquezas e hijos sanos. En este caso, la hendidura entre la parte superior y la inferior de la zona acanalada no debe ser ni demasiado plana ni demasiado profunda. Junto con la riqueza y los hijos, también conseguirán respeto y un estatus social más alto. Si el surco facial es más ancho en la parte superior y estrecho en la inferior, puede significar dificultades para tener hijos. En los hombres, esta forma indica una naturaleza agria y una ética dudosa. La persona puede tener problemas con los demás y a menudo se ve envuelta en peleas debido a la falta de buenos modales. Por último, también tendrán complicaciones en sus relaciones personales.

Si la parte acanalada tiene una línea media en el centro que va hacia abajo, significa que la persona tendrá hijos más adelante en su vida. Pero si la zona acanalada está ligeramente doblada, significa que el individuo sufrirá en su vida social debido a su naturaleza engañosa. Puede experimentar una falta de respeto y reconocimiento y verse sometido a la impopularidad. También corren el riesgo de no poder tener hijos.

11. Shui Hsing

Ubicación: En la boca, sobre los labios - en la sección de la Tierra.

Qué sugiere: Si las comisuras de la boca están orientadas hacia abajo, puede significar mala salud y relaciones extenuantes. Si los labios están apagados y carecen de color, es un signo típico de mala fortuna. Por el contrario, unos labios llenos y rosados indican prosperidad y buena suerte. La comisura de la boca, si se gira hacia arriba, denota felicidad, buena suerte y un matrimonio saludable. Incluso si los labios están temporalmente descoloridos, esto puede revelar problemas intermitentes en la relación o la salud.

12. Ch'eng Chiang

Ubicación: En el hueco debajo de los labios y encima de la barbilla - en la sección de la Tierra.

Según se indica, los hombres que carecen de vello en este pequeño hueco pueden padecer una mala salud digestiva y problemas estomacales. También es el caso de las mujeres que albergan manchas, marcas o decoloración en esta zona. Sus estómagos suelen ser débiles, y deben vigilar de cerca su ingesta de alimentos y seguir una dieta estricta. Si la cavidad parece descolorida temporalmente, especialmente durante un momento específico del día, como las mañanas, puede significar que la persona puede tener problemas durante sus viajes. Se aconseja a estas personas que eviten los viajes en agua o en barco, especialmente durante el día (si la decoloración se nota por la mañana, por ejemplo).

13. Ti ko

Ubicación: Punta de la barbilla - en la sección de la Tierra.

Lo que sugiere: La última sección de la cara, que también está en la parte inferior de la línea central y se conoce como Ti ko, indica la apariencia y las emociones. Si el mentón es redondo y suave, la persona puede tener una personalidad y apariencia fuertes. Si tiene una barbilla puntiaguda, especialmente de lado, significa que la persona no tiene disculpas y guarda rencor a los demás. Una barbilla puntiaguda tampoco es deseable, ya que indica mala suerte. Si esta zona presenta lunares, cicatrices o cualquier forma de decoloración, puede ser un signo premonitorio de enfermedad, grandes pérdidas económicas, accidentes o un problema de herencia. Pero si la barbilla no presenta decoloración, lunares ni cicatrices, indica buena suerte, estabilidad y una carrera exitosa y gratificante.

Estos trece puntos aparecen desde la parte superior a la inferior de la cara, como se ilustra. Se pueden recordar fácilmente gracias a las tres divisiones del rostro: Cielo, Hombre y Tierra.

Capítulo 3: Los cinco elementos y las personalidades

Esta sección abarca los cinco elementos tradicionales que son la madera, el fuego, la tierra, el metal y el agua, que coinciden con las estaciones o con los rasgos de la personalidad de cualquier individuo. Esta es la teoría taoísta del Mien Shiang. Antes de conocer estos cinco elementos y sus significados, entendamos primero por qué es relevante este análisis. Dado que los cinco elementos y la estación asociada a cada uno son una parte natural de nuestro universo y ecosistema, se relacionan con nuestra naturaleza. Básicamente, todos nosotros somos nuestro propio sistema, lo que facilita el paralelismo con la naturaleza, pero como todos tenemos diferentes fortunas y crianzas, nuestras características y personalidades varían. Esto justifica la relación entre nosotros y las fuerzas de la naturaleza.

Al mismo tiempo, la inclusión de estos elementos naturales con las estaciones abarca a todo tipo de individuos, dando a todos una oportunidad con horizontes ampliados y una combinación de rasgos diferentes. Dependiendo de los elementos y de su combinación particular, pueden ser tanto introvertidos como extrovertidos en diferentes situaciones. Esta correlación explica nuestros rasgos dominantes, debilidades y personalidades que pueden ser bastante impactantes. Por ejemplo, un individuo puede relacionarse con la primavera mientras tiene rasgos del invierno.

Al conocer estos elementos y aplicarlos al estudio y la práctica de la lectura de rostros, podrá comprender mejor el comportamiento y la vida personal de una persona. A veces, nos apresuramos a juzgar a alguien basándonos en su comportamiento y apariencia externa; no muchos comprenden que podrían estar pasando por un momento difícil o haber sufrido una pérdida, lo que provoca su comportamiento amargo. Una vez que usted aprenda a leer los rasgos de una persona, podrá relacionarse con su situación a un nivel más profundo y entenderla de mejor manera. Obtendrá respuestas a preguntas como:

- ¿Por qué se comportaron así?

- ¿Estaban estresados? Si es así, ¿cuál es la causa?

- ¿Por qué creen que pueden ir por la vida sin un plan?

- ¿Por qué se quedan siempre solos? ¿Por qué rara vez salen?

- ¿Cómo se relacionan con sus familiares y amigos?

- ¿Cómo son tan abiertos? ¿Cómo es que nunca se sienten tímidos?

- ¿Por qué nunca se expresan del todo?

- ¿Por qué están siempre enfadados o frustrados?

En lo que sigue, aprenderemos más sobre estos elementos, las estaciones y la relación entre ellos, en un intento de comprender e interpretar los rasgos únicos de la personalidad de una persona.

Los 5 elementos y su significado

1. Madera

Asociación con la estación: La primavera y la energía de esta estación.

Su significado: La estación de la primavera personifica el renacimiento, el crecimiento y el rejuvenecimiento. Al igual que las flores y los árboles crecen en presencia de la luz del sol, este elemento significa avanzar hacia la luz. También se trata de salir del estancamiento y de la falta de vitalidad. El elemento Madera en una persona indica movimiento, evolución y crecimiento. Si bloquea el camino de una persona que representa el elemento Madera, podría retrasar su progreso debido a la incapacidad de avanzar y encontrar el equilibrio.

Asociación con los rasgos faciales: La persona con este elemento tiene una forma de cejas bien definida y una mandíbula fuerte. La forma de su rostro es generalmente rectangular o cuadrada.

2. Fuego

Asociación con la estación: El verano y el apogeo de esta estación.

Qué significa: El verano representa la vitalidad, el crecimiento, la luz y la alegría. Al igual que las abejas vagan en busca de néctar, las flores florecen y el aire se vuelve más fresco, un individuo con este elemento será feliz, vivaz y siempre buscará la manera de alcanzar sus objetivos. La mayoría de las veces, la persona con el elemento Fuego tendrá una personalidad atractiva y positiva. Será curiosa por naturaleza y tratará de adquirir nuevas habilidades cuando y donde pueda.

Asociación con los rasgos faciales: La persona puede tener pecas y hoyuelos en las mejillas y la barbilla. Sus rasgos faciales suelen ser puntiagudos y sus ojos son muy abiertos. Se puede notar un brillo en sus ojos. Siempre que hablan, sus ojos se abren de par en par y brillan. Su sonrisa contribuye a su aura positiva e ilumina su entorno.

3. Tierra

Asociación con la estación: El final del verano y la cosecha en esta estación.

Su significado: De la misma manera que la gente se reúne para recoger la cosecha de la temporada, este elemento representa el sentido de unidad de una persona. También indica abundancia en la vida. Si una persona con el elemento Tierra no ha sido bendecida con la abundancia, buscará el consuelo y la atención de sus amigos y familiares, lo que le animará a hacer también nuevos amigos y contactos. También apuestan por la comodidad, especialmente en su hogar.

Asociación con los rasgos faciales: Los rasgos de esta persona suelen ser regordetes y redondos. Normalmente, una persona con este elemento tendrá labios carnosos, ojos grandes, mejillas regordetas y cara redonda.

4. Metal

Asociación con la estación del año: Otoño/Otoño.

Qué significa: Al igual que en otoño, cuando la gente se da cuenta de la importancia de la luz del sol, el verdor y la frescura, los que tienen el elemento Metal querrán conservar las cosas y aferrarse a ellas con fuerza. Les resulta difícil dejar ir las cosas y las personas. Tanto si se trata de una divertida salida con sus amigos como de una sabrosa comida, saborearán cada momento y extraerán de él toda la alegría posible. Siempre que se quiera dejar atrás los recuerdos de cualquier experiencia, hay que recurrir a una persona que posea este elemento. Al mismo tiempo, para ellos también es fácil desprenderse de las cosas; si les hace daño o si sienten que algo ya no es valioso, no se lo pensarán dos veces antes de dejarlo ir. Al igual que los árboles se desprenden de sus hojas muertas, los individuos con el elemento Metal también se desprenden con facilidad.

Asociación con los rasgos faciales: El rostro de esta persona es generalmente simétrico y espaciado. Sus rasgos son afilados y puntiagudos. Una persona con este elemento puede tener la piel clara, las cejas muy arqueadas, los pómulos afilados y la nariz puntiaguda.

5. Agua

Asociación con la estación: Invierno.

Su significado: Tanto el agua como el invierno representan la profundidad y la oscuridad. Al igual que el mar o el océano son profundos y misteriosos, los individuos de este signo también tienen una personalidad misteriosa y a menudo prefieren estar solos. Pueden parecer de una manera en la superficie, pero ser diferentes y reservados en el fondo. Incluso si se les deja solos o en la oscuridad durante un tiempo, no parece importarles. De acuerdo con el proverbio, "El agua silenciosa corre profunda", tienen muchas cosas en su mente, pero casi nunca expresan o revelan nada.

Asociación con los rasgos faciales: El mentón de esta persona puede ser bastante prominente. También pueden tener las orejas grandes, la frente redondeada y bolsas o hinchazón bajo los ojos que les dan un aspecto cansado y solemne.

Cómo leer los elementos (lo que sugiere cada rasgo facial)

Ahora bien, además de estos elementos básicos y de la forma de la cara, los rasgos individuales también denotan significados y rasgos ocultos en una persona.

Veamos con más detalle lo que revelan estos rasgos:

Cejas

Las cejas representan la suerte y el estado de la relación con los hermanos. También hablan de la vida social de una persona y de su capacidad para establecer contactos. Una ceja única sugiere que alguien puede ser provocado fácilmente y está dispuesto a meterse en una pelea o en una discusión por cuestiones insignificantes. Este es también el caso de las cejas que apenas se juntan. Lo ideal es que las cejas que representan la buena suerte estén bien cuidadas, sean más largas que la longitud de los ojos y dibujen una ligera curva.

Además, la dirección de las cejas también puede señalar varios significados.

· Si las cejas apuntan hacia abajo (arqueadas en el punto de partida e inclinadas hacia el final), significa que la persona es amable, generosa y siempre directa. También es una persona abierta.

· Si las cejas apuntan hacia arriba (arqueadas en el punto de partida y hacia el final), significa que la persona es muy ambiciosa y está motivada para alcanzar sus objetivos. Les gusta ser competitivos y se esfuerzan por ganar. Esto explica por qué desprecian perder.

· Si las cejas están demasiado cerca de los ojos, significa que la persona es introvertida y prefiere mantenerse al margen. Suelen ser tímidos, conservadores y no pueden hablar con la gente con confianza y soltura.

Rasgos comunes según la forma de las cejas

· **Cejas curvas:** Estas personas tienden a establecer conexiones con los demás con facilidad y hacen que el entorno sea más cómodo para todos los que les rodean. Como están orientados a las personas, se esfuerzan por conectar con los demás entendiéndolos primero. Si quiere explicar un concepto a estas personas, utilice ejemplos prácticos para hacerlo más sencillo y mantener su interés.

· **Cejas en ángulo:** Las personas con cejas anguladas tienen cualidades de liderazgo y quieren dirigir a un equipo en cualquier situación. Ya sea en una fiesta informal o en una presentación de negocios, siempre les gusta estar al mando. Ahora bien, cuando se trata de tener la razón y tomar una decisión, su naturaleza obstinada nunca deja de aparecer. Se esfuerzan por demostrar que tienen razón. Y aunque es muy posible que la tengan, el esfuerzo por demostrarla puede resultar pretencioso y desagradable. Por último, son centrados y testarudos en todo lo que se proponen.

· **Cejas rectas:** Estas personas son lógicas, prácticas y se guían por la información que se basa en el análisis y las pruebas. Si quiere que estas personas concedan un punto o estén de acuerdo con usted, lo mejor es presentarles datos factuales y verificables. Nunca se dejarán llevar por sus emociones, sino que recurrirán a la lógica y al sentido práctico para tomar una decisión o evaluar una situación.

Ojos

Los ojos grandes y brillantes son atractivos y tienden a disminuir los casos de incomodidad social, que es un rasgo dominante de las personas con cejas unidas. Si la parte blanca del ojo es clara, significa que pueden hacer amigos fácilmente. A menudo, estas personas son las más populares en sus amplios círculos sociales. Como dice el refrán, los ojos de una persona son las ventanas de su alma, lo que nunca ha sonado más cierto cuando se trata de estos individuos.

Además de esto, la dirección de los globos oculares y la zona de debajo de los ojos también sugiere varios significados.

· Si el globo ocular está más cerca del párpado inferior, la parte blanca es visible en la parte superior y en ambos lados de los ojos. Esto se conoce como "Tres ojos blancos superiores" e indica que la persona es infiel, egoísta y no obedece la ley. Por eso también se les conoce como ojos de serpiente.

· Si el globo ocular está más cerca del párpado superior, la parte blanca es visible en la parte inferior y en ambos lados de los ojos. Esto se denomina "Bajo tres ojos blancos" e indica que la persona es egocéntrica, generosa con sus amigos, testaruda y prefiere llevar la iniciativa en todo tipo de entornos.

· También conocido como el Palacio de los Niños, la zona de debajo de los ojos indica la suerte de una persona para tener hijos. La zona de debajo de los ojos, si está llena, indica que la persona tendrá la suerte de tener hijos con gran salud.

· Si la zona de debajo de los ojos está hundida, oscura, descolorida o presenta alguna cicatriz, significa que la persona puede tener dificultades para tener hijos. Si lo hace, su descendencia puede tener complicaciones de salud durante o después del nacimiento.

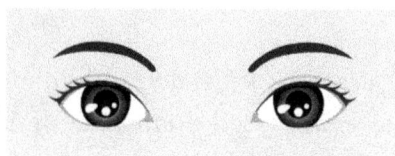

Ojos normales

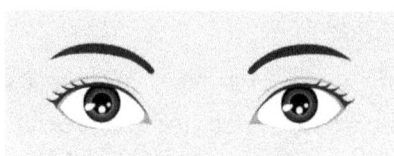

Sanpaku (inferior)
Tres lados del ojo son blancos

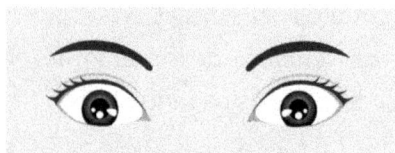

Sanpaku (superior)
Tres lados del ojo son blancos

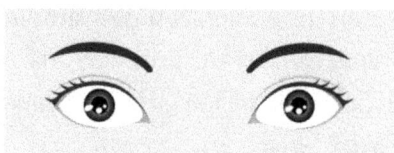

Shihaku
Cuatro lados del ojo son blancos

Rasgos basados en el tamaño y el color de los ojos

· **Ojos pequeños:** Estas personas suelen ser de mente estrecha y se centran en un enfoque metódico y pragmático a la hora de emprender proyectos. Son muy selectivos y se adentran en los temas que les llaman la atención. Básicamente, para ellos es todo o nada. También son meticulosamente organizados en su trabajo.

· **Ojos grandes:** Estas personas son curiosas y de mente abierta. Su intelecto se alinea con su curiosidad para producir cosas completamente fuera de lo común. Aunque tienen un gran poder imaginativo, pueden distraerse fácilmente. Su creatividad es digna de elogio y su naturaleza hipersensible es a menudo incomprendida.

· **Ojos Negros:** Estas personas son muy misteriosas y silenciosas, pero tienen muchas cosas en su interior más allá de su cruda fachada. Algunos pueden incluso tener poderes psíquicos. Quieren saber más sobre los que les rodean, pero rara vez se abren o comparten detalles sobre ellos.

· **Ojos marrones:** Las personas de ojos marrones están bendecidas con todas las cualidades de la Tierra, que incluyen la creatividad, la fertilidad, el valor, la energía y la resistencia. Prefieren las experiencias y las aventuras a las posesiones materiales. Además, quieren estar en la naturaleza y cerca de ella tanto como sea posible. Prefieren ser independientes, pero pueden colaborar fácilmente con otros cuando las circunstancias lo requieren.

· **Ojos de color avellana:** Estos ojos no solo son hermosos de admirar, sino que también le dan al portador algo para mostrar su naturaleza despreocupada y valiente. Siempre buscan a alguien que sepa expresar sus sentimientos. Estas personas también pueden ser muy sensibles.

· **Ojos verdes:** El verde es el color de la naturaleza y de la Tierra. Una persona con ojos verdes está más orientada a la naturaleza y suele sentirse atraída por lo que es fresco y orgánico. Creen en la alimentación y la vida sana, así como en la energía espiritual y los estudios místicos. También suelen ser muy compasivos y generosos.

· **Ojos azules:** Los ojos azules no solo son atractivos, sino que también reflejan un gran sentido de la conciencia. Las personas con ojos azules son muy curiosas y observadoras de su entorno. Esto se debe a que no pueden confiar en otras personas y difícilmente se fían de alguien en un instante, pero siguen siendo cálidos y amables con los demás.

· **Ojos grises:** Los individuos con ojos grises tienen una fuerza interna admirable. Son emocionalmente robustos e invulnerables, pero su sabiduría y sus puntos de vista heterodoxos les hacen estar de algún modo malhumorados e irritables, especialmente cuando alguien no está de acuerdo con sus creencias o puntos de vista.

La frente

La frente suele representar el poder de una persona en entornos formales, como una gran empresa. Si la frente es ancha o alta, significa que la persona posee un fuerte poder y es la cabeza de cualquier entidad. Si es baja, puede indicar una falta de liderazgo eficaz e inspirador.

Además, una frente ancha o alta también denota los siguientes rasgos en una persona:

Confianza: Estas personas son muy seguras de sí mismas y parecen ser dueñas de la habitación en cuanto ponen un pie en ella. Como resultado, atraen a los demás hacia ellos y pueden cosechar muchas oportunidades beneficiosas en el camino.

Madurez: Es difícil encontrar a estas personas en bromas infantiles, ya que prefieren manejar los asuntos delicados como lo hacen los adultos. Si necesita ayuda para tomar decisiones acertadas, estas personas son las indicadas.

Habilidades prácticas y de buena gestión financiera: Por eso son grandes contables. Además, nunca consideran sus emociones para tomar decisiones. Siempre eligen un enfoque más práctico, especialmente en el trabajo.

Éxito temprano: Gracias a su pragmatismo, confianza, madurez y habilidades de liderazgo inherentes, estas personas siempre tienen éxito antes que sus compañeros. Son perseverantes y no se detienen hasta cumplir su objetivo final.

El tamaño o el tipo de la frente de uno revela:

Frente alta: Estas personas son curiosas, están dispuestas a aprender y destacan en materias complejas como las matemáticas y la física. Además, siempre quieren estar seguras de sus decisiones y de lo que sus elecciones implican, ya que no les gusta especialmente correr riesgos y prefieren ir a lo seguro. Son muy reservados y también pueden guardar secretos. Le animarán a dar pasos metódicos por sí mismo para lograr sus objetivos con éxito.

Frente media: Del mismo modo, estos individuos son muy inteligentes y curiosos. Inspiran a los que les rodean para que trabajen duro, piensen positivamente y mantengan la concentración. Su naturaleza intuitiva y su capacidad para resolver problemas los convierten en activos inestimables de la empresa, lo que les ayuda a tener un buen desempeño en su carrera.

Frente baja: Estas personas odian estar enjauladas y prefieren ser libres. Además, su naturaleza espontánea les permite tomar decisiones rápidas y decisivas. No piensan antes de actuar y toman decisiones espontáneas, lo que puede empujarles al fracaso. Sin embargo, tienen un gran sentido del juicio que a menudo les aporta resultados favorables.

FORMAS DE LA FRENTE DE PERFIL

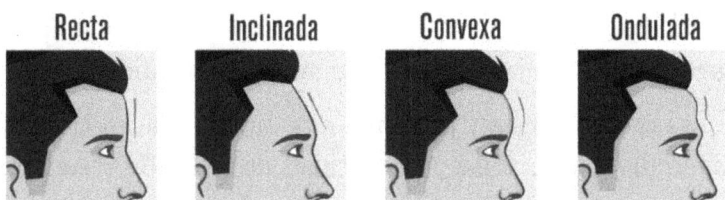

Recta   Inclinada   Convexa   Ondulada

FORMAS DE LA FRENTE EN LA CARA COMPLETA

Alta y ancha   Alta y estrecha   Baja y ancha

Así, leyendo la frente de una persona y analizando su forma y tamaño, se puede determinar su nivel de inteligencia, experiencia y su rendimiento profesional.

Las orejas

Las orejas de una persona significan su infancia, normalmente entre uno y catorce años de edad. Las orejas también representan la suerte ancestral de una persona.

Las orejas bajas, que están más alejadas de la cabeza, son generalmente un signo de bajo intelecto. Las orejas altas, que también están más cerca de la cabeza, significan que la persona es muy inteligente. No solo destacan en los estudios y el trabajo, sino también como líderes.

El grosor de las orejas también sugiere varios significados

· Las orejas gruesas y próximas a la cabeza indican la naturaleza sensible de una persona, su capacidad de reflexión y su habilidad para organizar y planificar (escritorios, reuniones o cualquier otra tarea profesional).

· Si las orejas son gruesas y altas (imagine el mango de una tetera), significa que la persona alcanzará el éxito a una edad temprana gracias a sus capacidades intelectuales. Paralelamente, también disfrutará de la fama que acompaña a estos logros tan duramente conseguidos.

· Los lóbulos de las orejas de una persona también sugieren ciertos rasgos fuertes sobre ella. Si son gruesos y llenos, significa que se han criado en una familia feliz, sana y rica. Han tenido un apoyo constante de su familia desde el principio y todavía lo tienen.

DIFERENTES FORMAS DE OREJAS HUMANAS

oreja cuadrada   oreja puntiaguda   oreja estrecha   sobresaliente

oreja redonda
lóbulo libre   lóbulo pegado   lóbulo ancho

La boca y los labios

También representa el elemento agua, la boca de una persona suele ser la que habla, lo cual es una forma eficaz de hacer juicios rápidos. Una boca ladeada y torcida es un signo de poca capacidad de comunicación. Esto, a su vez, significa que la persona no tiene suficiente confianza en sí misma y carece de la capacidad de hacer amigos. Si una persona tiene una boca grande, suele significar que es generosa y amable.

La forma y la posición de los labios también sugieren varios significados

· Si los extremos de los labios apuntan hacia abajo, significa que la persona es tímida, conservadora, desconfiada e infeliz la mayor parte del tiempo. No son especialmente amables y alejan a la gente por su comportamiento frío y obstinado.

· Si los extremos de los labios apuntan hacia arriba, significa que la persona es confiada, positiva, alegre y amistosa. Atraen a la gente hacia ellos y ser sus amigos es siempre una experiencia placentera y satisfactoria.

· Si los labios son gruesos, significa que la persona es amable y está sana física y mentalmente, pero no es especialmente buena para hablar en público, lo que puede suponer un grave problema en su vida profesional y social.

· Si los labios son finos, significa que la persona es una fanática del cotilleo. Les encanta juzgar y hablar de la gente a sus espaldas. También tienden a ser muy parlanchines, lo que puede ser favorable en entornos sociales para evitar la incomodidad y establecer una buena conexión.

Rasgos basados en el tamaño y el volumen de los labios de una persona

· **Labios gruesos o carnosos:** Los labios gruesos son bastante atractivos y contribuyen a la belleza de una persona. Estas personas tienden a ser muy seguras de sí mismas, cálidas y siempre están dispuestas a aprender cosas nuevas. Les encanta perfeccionar sus habilidades y adquirir otras nuevas. También aprecian a los que aportan y se preocupan por compartir nuevas experiencias con los demás. Por último, les gusta conocer gente nueva y hacer amigos.

· **Labios finos:** Estas personas prefieren la calidad a la cantidad y suelen ser extremadamente exigentes. Esto se debe a que se sienten atraídos por las cosas más finas. Prefieren los objetos, los pensamientos o la comida bien presentados; en otras palabras, la presentación les importa mucho. Son sofisticados y quieren hacer las cosas a su manera. Sin embargo, no impiden que los demás hagan las cosas a su modo

FORMAS DE LOS LABIOS

naturales

naturales puntiagudos

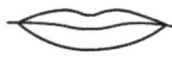

finos

arco de cupido

unilabial

beestung

estirados

glamour

La nariz

La forma de la nariz mide su riqueza. Las personas con narices grandes suelen ser más ricas que las que tienen narices finas y respingonas. Y aunque los cánones de belleza favorecen las narices pequeñas y bien definidas, las personas con narices naturalmente más gruesas son más afortunadas en cuanto a riqueza y éxito en la vida en general.

La forma y el puente de su nariz también sugieren varios significados

· Si el puente de la nariz es alto y tiene alas gruesas en la base, significa que la persona tiene un carácter fuerte, es sincera, es popular en su círculo social y tiene la capacidad de hacerse rica y triunfar. Esto también se conoce como la nariz de ajo.

· Si las alas de la nariz son gruesas y llenas, indica que la persona será bendecida con dinero. No le será difícil reunir una gran cantidad de riqueza, ya sea con suerte, con trabajo duro o con ambas cosas.

Rasgos basados en el tamaño y la forma de la nariz de una persona

· **Nariz larga:** Las personas con nariz larga son muy responsables, cariñosas y curiosas. Quieren aprender nuevas habilidades y muestran un sentido práctico en sus planteamientos, pero les resulta difícil amar y transmitir sus ideas. Son bastante serios y a menudo se toman las cosas demasiado a pecho.

· **Nariz corta:** Las personas con nariz corta tienen una mente abierta y siempre están dispuestas a vivir nuevas aventuras. Son extremadamente flexibles y fiables. Aunque pueden tener dificultades para llevarse bien con los demás, se esfuerzan al máximo. Carecen de capacidad de planificación financiera y tienden a gastar compulsivamente, viviendo a menudo por encima de sus posibilidades.

· **Nariz puntiaguda:** La nariz puntiaguda se asocia de alguna manera con la feminidad. Es notable el fuerte poder intuitivo de estas personas. Suelen sentirse atraídos por la cultura y las artes, especialmente la música.

· **Nariz chata:** Las personas con nariz chata son leales, pacientes y trabajadoras. Hacen lo que sea para tener éxito y se esfuerzan al máximo para alcanzar sus objetivos tanto personales como profesionales.

FORMAS DE NARIZ

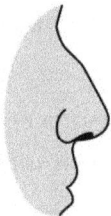  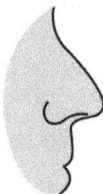 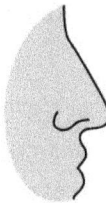 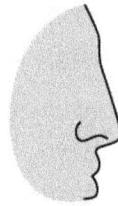

nariz de gancho   nariz caída   nariz aquilada   nariz romana   nariz griega

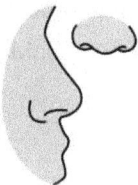   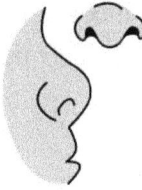 

nariz de botón   nariz de botón   nariz respingona   nariz chata   nariz de embudo

La lengua

La lengua como rasgo facial rara vez se tiene en cuenta en la lectura de rostros, ya que no siempre es obvia o se percibe de inmediato (a menos, por supuesto, que le pidas a la otra persona que saque la lengua para una lectura, lo cual no recomendamos). Dado que la lengua es una parte crucial de la lectura del rostro en varios estudios, aprender sobre ella puede ser muy beneficioso y servir de complemento a sus conocimientos.

La forma y la longitud de la lengua indican varios significados

· Si la lengua es corta, significa que la persona carece de disciplina y de impulso personal. Apenas pueden concentrarse en sus funciones y casi nunca son competitivos. También suelen carecer de ambición.

· Si la lengua es larga y gruesa, indica que la persona es capaz de aprender nuevos idiomas con facilidad. También son muy hábiles en la comunicación y la expresión personal.

· Si la lengua es larga y fina, significa que la persona es muy habladora y puede incomodar a los demás, ya que rara vez piensa antes de hablar. También tienden a balbucear y a hablar de los demás.

Mentón y mandíbulas

Como el mentón y las mandíbulas están conectados, a menudo se leen juntos.

Rasgos basados en el tamaño del mentón y la mandíbula

· **Mentón y mandíbula de tamaño pequeño:** Las personas con la barbilla y las mandíbulas pequeñas prefieren la calidad a la cantidad. Son sofisticados y prefieren las relaciones a largo plazo a las aventuras episódicas. Su enfoque de cualquier tema puede ser bastante convencional y "de manual". Al mismo tiempo, prefieren atenerse a sus raíces o tradiciones para determinar sus valores personales.

· **Mentón y mandíbula afilados o prominentes:** Una mandíbula afilada y cincelada se ve inmediatamente en el rostro. A estas personas les gusta mandar en casa y en el trabajo. Son conscientes de sus excepcionales cualidades de liderazgo, lo que les hace ser muy críticos y tener una opinión firme. Son intrínsecamente fuertes y les gusta mantenerse firmes. Si creen en algo con todo su corazón, se levantarán y lucharán por ello con uñas y dientes.

El pelo

El color y la textura del pelo también pueden revelar cosas sobre la persona. Los colores de pelo más comunes son el negro, el rubio, el castaño y el pelirrojo.

Rasgos basados en el color del pelo de una persona

· **Pelo negro:** Las personas con el pelo negro tienden a ser más tranquilas que sus homólogos. Si el pelo es liso, significa que la persona también es melancólica. Las personas con el pelo negro liso parecen emitir vibraciones negativas a su alrededor. Suelen ser pesimistas y cínicos en su visión de la vida, pero si tienen el pelo negro y rizado, pueden ser más alegres, cariñosos y afectuosos.

· **Pelo rubio:** Estas personas son las más curiosas de todas y tienen una memoria fenomenal. Aunque no son físicamente débiles, a veces lo parecen, pero en comparación con otros tipos de cabello, estas personas sí suelen ser físicamente débiles. Tienen un talento único para causar una buena impresión y pueden facilitar cualquier situación. Aunque no lo demuestren, suelen estar cohibidos. Por último, son obedientes y muestran su juventud a través de su carácter alegre.

· **Pelirrojo o rojizo:** Las personas pelirrojas pueden dar la impresión de estar enfadadas y escépticas, siempre dispuestas a discutir o iniciar una pelea. También son de mal genio, lo que hace que sean fáciles de provocar. Su fuerte energía física y su brutalidad pueden dar miedo, por lo que la mayoría de la gente tiende a evitar relacionarse con ellos.

· **Pelo castaño:** A los individuos de pelo castaño les gusta viajar y siempre se les ve en una aventura. Tienen personalidad y carácter, lo que les hace muy encantadores y atractivos. Pueden mezclarse fácilmente con los demás, pero pueden ofender a algunos por su franqueza o sus opiniones disidentes. Aunque son mayoritariamente liberales, pueden ser sorpresivos en ocasiones. Por último, son ávidamente románticos y apasionados en la cama.

Ejemplos

A continuación, echamos un vistazo a personalidades famosas para entender los Cinco Elementos de la lectura del rostro y sus rasgos aparentes:

1. Madera

Personalidades famosas: El ex primer ministro japonés Junichiro Koizumi y el expresidente estadounidense Barack Obama.

Atributos destacados basados en el elemento Madera: El tipo de rostro suele ser ovalado o un triángulo invertido con un perfil delgado y una estructura alta. La frente suele ser más ancha que la barbilla. En la mayoría de los casos, la frente es más ancha. Las personas con este elemento suelen encontrarse en posiciones de autoridad y poder, a menudo más altas que la mayoría de las entidades. Sus cuerpos no son carnosos y tienen extremidades largas. Están dotados de aptitudes literarias y de una gran inteligencia. Prefieren pensar y trabajar mentalmente más que físicamente.

2. Tierra

Personalidades famosas: El líder del movimiento independentista coreano de 1890, Kim Gu.

Atributos destacados basados en el elemento Tierra: La característica más común de estos individuos es un cuerpo grueso junto con una nariz grande y labios carnosos. La punta de la nariz, las alas y el puente son anchos y abultados. Estas personas son conocidas por su rostro en forma de diamante. Sus pómulos altos destacan entre otros rasgos, por lo que la frente y la barbilla parecen más estrechas que la parte central del rostro. Son respetados por su credibilidad y sus excelentes habilidades sociales. Uno de sus rasgos más valorados es que escuchan para entender, no para replicar o discutir. Por último, tienen una personalidad bastante relajada, lo que les hace accesibles y fáciles para hablar.

3. Agua

Personalidades famosas: El político surcoreano Ahn Cheol-soo y el famoso cantante surcoreano PSY.

Atributos destacados basados en el elemento Agua: Las personas con este elemento suelen tener una cara redonda con rasgos poco marcados. Su cuerpo es regordete. Aunque la mayoría tiene la frente estrecha, siempre hay excepciones. Los que tienen el elemento Tierra y la frente más ancha suelen estar por delante de los demás, especialmente como líderes reformistas y políticos de alto nivel.

4. Fuego

Personalidades famosas: La ex medallista de oro en levantamiento de peso femenino Jang Mi-ran, y el famoso animador coreano Kang Ho-dong.

Atributos destacados basados en el elemento Fuego: Al igual que la forma de una llama, estas personas suelen ser fogosas y alegres. Tienen un aura brillante y son extremadamente vibrantes, a diferencia de los del elemento madera. Aunque son alegres y vivaces la mayor parte del tiempo, se orientan más hacia el conservacionismo. Son muy fuertes y tienen una resistencia física y una flexibilidad impresionantes, lo que les convierte en distinguidos atletas. También se cree que están dotados de rápidos reflejos, un atributo crucial en cualquier deporte. Estas personas se sienten atraídas por categorías atléticas específicas como la halterofilia, las artes marciales o la lucha libre.

5. Metal

Personalidades famosas: El presidente de Hyundai Motor Group, Chung Mong-Koo, y el aclamado actor, ídolo del fitness y político Arnold Schwarzenegger.

Atributos destacados basados en el elemento Metal: Los rasgos más destacados en estas personas son una fuerte línea de la mandíbula y un rostro bien definido, que en su mayoría es cuadrado o rectangular. Además, su nariz y sus alas nasales destacan y son los rasgos más visibles de su rostro. Estas personas tienen una excelente capacidad de liderazgo y son conocidas por su integridad y rectitud. Son muy competitivos y les gusta dominar y ser los mejores. Son aptos para ser figuras públicas, políticos o empresarios de éxito.

Estos cinco elementos son tan prominentes en la historia china y en la medicina antigua que se consideran, hasta el día de hoy, una forma eficaz de evaluar la naturaleza interna de un paciente. De hecho, ciertos tipos de diagnósticos relacionados con los cinco elementos se siguen utilizando en la práctica moderna. Cuando un paciente sufría cambios internos debido a un problema de salud, los médicos chinos siempre se aseguraban de anotar cualquier cambio en sus atributos faciales. Esto allanó el camino para que la lectura del rostro se convirtiera en una parte integral del diagnóstico y la evaluación del paciente en la medicina china.

Como este enfoque es esencialmente holístico, se ajusta a los principios de la medicina china. El paciente es visto como un todo en lugar de dirigirse a partes específicas del cuerpo que sufren de dolores, molestias u otros malestares. Este enfoque considera el cuerpo, la mente y el espíritu del paciente para tratarlo y ayudarle a recuperar una salud óptima. Por último, estos cinco elementos ayudan a los médicos a determinar los atributos importantes que están en equilibrio y los que no. En conjunto, estas razones son suficientes para explicar la importancia de los cinco elementos de la lectura del rostro en la medicina china.

Al estudiar estos cinco elementos, podrá comprender mejor a las personas y su comportamiento. Aprenderá a conocerse a sí mismo, tanto en el ámbito privado como en el público, y a conocer mejor a los demás. Le ayudará a tratar con la gente de forma sensata y le dará suficiente tiempo de reacción antes de juzgar a una persona. Al fin y al cabo, todo el mundo es único y cada individuo posee un conjunto diferente de puntos fuertes y débiles.

Capítulo 4: Lectura del pasado, el presente y el futuro

El rostro de una persona puede analizarse para leer su pasado, presente y futuro. Se basa en la antigua técnica china de lectura de rostros que divide la vida humana en un ciclo de 99 a 100 años, desde el nacimiento de una persona hasta su muerte. Un rasgo facial específico representa cada año. En otras palabras, los 99 años de una persona, que es el ciclo de vida completo, están marcados en el rostro. Es fácil averiguar el pasado, el presente y el futuro de una persona si se detectan las señales de los años con sus rasgos faciales. En esta sección, analizaremos cada fase de la vida y su correspondiente rasgo facial.

Veamos estas etapas con respecto a los rasgos faciales que representan y lo que dicen de la persona.

1. 0 a 14 años

Representado por: Las orejas.

Las orejas representan la infancia de una persona, desde su nacimiento hasta los catorce años. Si las orejas son gruesas, carnosas y bien definidas, significa que la persona es o ha sido bendecida con un entorno de apoyo (familia, amigos) y una gran salud durante esa época. Mientras que la oreja izquierda designa la primera infancia de una persona, desde el nacimiento hasta los siete años, la oreja derecha representa su última infancia, desde los ocho hasta los catorce años. Para predecir el pasado de una persona durante estos años, observe la oreja respectiva. Si una tiene una cicatriz, una decoloración o tiene una forma diferente a la de la otra oreja, significa que ha tenido una vida difícil durante esa fase. Si ambas orejas están desproporcionadas o tienen cicatrices, lo más probable es que hayan tenido una infancia problemática.

2. 15 a 30 años

Representado por: La parte superior de la frente.

Para saber más sobre el pasado de una persona, hay que leer su frente, ya que dice mucho más de lo que pueden decir las orejas. La parte superior de la frente, también conocida como región celestial, dice mucho sobre el pasado de alguien. La infancia de una persona siempre está predestinada y nunca es el resultado del trabajo duro o del talento. En otras palabras, la fase de la infancia está escrita cuando una persona nace, y la soportará de la forma en que estaba destinada a ser. Por eso, la parte superior de la cara también se conoce como la región del Cielo, lo que indica que nuestros destinos de nacimiento y de infancia ya están predestinados.

Si la frente muestra cicatrices, marcas, decoloración o protuberancias, podría significar que la persona ha tenido una infancia difícil. La forma más fácil de predecir el pasado o la infancia de una persona es analizar el tono de la piel en esa zona. Si está apagada o tiene manchas, podría significar que tuvo problemas en la escuela, un mal expediente académico, incapacidad para hacer amigos o incluso mala salud. También podrían haber tenido problemas con sus familiares y hermanos. En cambio, una frente clara y lisa indica una infancia feliz y saludable. También fueron bendecidos con una familia comprensiva, una inmensa riqueza, propiedades ancestrales, ayuda y protección de sus mayores y un estilo de vida cómodo. De niños, son impulsivos, curiosos y están en el camino correcto para cumplir sus objetivos.

Si bien la fase entre los quince y los treinta años no se califica exactamente como infancia, explica la vida de la persona durante su adolescencia o juventud. Las edades comprendidas entre los quince y los diecinueve años, que son las de la adolescencia, se consideran infancia tardía, cuando las personas aún viven con sus padres, mientras que las de veinte a treinta años se consideran adultos jóvenes. Aunque su destino escrito sigue dictando sus circunstancias, pueden escribir su propio destino con dedicación, perseverancia y trabajo duro.

3. 31 a 40 años

Representado por: La frente, las cejas y los ojos.

Al igual que el tono de la piel de la parte superior de la frente revela la infancia y la juventud de una persona, el tono de la piel y el estado de toda la frente determinan la edad adulta y la carrera de la persona. Si la frente es clara, lisa y redonda, indica que la persona atraerá muchas oportunidades y disfrutará de un buen impulso en su carrera desde el principio. Con el tiempo, triunfarán antes que los demás. Por otro lado, un color de piel apagado indica que la persona puede tener que luchar o haber luchado para alcanzar el éxito. En algunos casos, puede que ni siquiera tengan éxito durante esta fase.

Paralelamente, las cejas se centran en la vida de una persona entre los treinta y uno y los treinta y cuatro años. Si las cejas están muy separadas o incluso unidas, esto representa la naturaleza poco tolerante de una persona. Son incapaces de perdonar fácilmente y no dejan pasar las cosas y pueden guardar rencor a la gente durante mucho tiempo. Si las cejas están ligeramente curvadas, bien definidas y firmes, significa que la persona es positiva y alegre. Gracias a ello, atraerá y entablará valiosas relaciones personales y profesionales. Si las cejas están muy separadas y son gruesas, la persona también puede acumular mucha riqueza en este periodo. También significa que la persona está destinada a vivir más tiempo.

Si las cejas son finas, apunta a la naturaleza introvertida de la persona. Son incapaces de hacer amigos con facilidad. Sin embargo, si hacen amigos, el vínculo es duradero. Eligen cuidadosamente a sus amigos, que se convierten en familia. Si se observa alguna forma de decoloración cerca de las cejas de la persona, podría significar que esta tendrá problemas en su carrera. Les resultará muy difícil cumplir sus objetivos laborales. Al mismo tiempo, también pueden tener problemas de salud. Por último, si las cejas están bien definidas y tienen una forma homogénea, esto indica que la persona tiene ganas de acumular riqueza; trabajará duro para alcanzar sus objetivos y hacerse rico.

Para determinar el pasado, el presente o el futuro de una persona entre los treinta y cinco y los cuarenta años, observe también sus ojos. Si la persona tiene ojos grandes y brillantes, tendrá fácilmente éxito en su carrera durante esos años. Por el contrario, si los ojos son pequeños, hundidos o profundos, podría presagiar un gran obstáculo en su carrera durante este periodo.

4. 41 a 50 años

Representado por: La nariz

La nariz representa la riqueza de una persona entre los cuarenta y uno y los cincuenta años de edad. Si la nariz es estilizada, recta y suave, significa que han sido bendecidos con buena suerte en cuanto a su situación financiera. Pueden acumular riqueza trabajando duro en sus primeros años o heredando propiedades ancestrales. Incluso si la persona no logró alcanzar sus objetivos o ganar dinero antes de los cuarenta y un años, esta década podría ser totalmente diferente y cambiarle la vida. Son bendecidos en términos de amasar riqueza, disfrutar de la vida y vivirla en sus propios términos. Este periodo de mediana edad es crucial para seguir progresando en su carrera y para empezar a preparar la jubilación. Estas personas también dedican suficiente tiempo a determinar sus opciones de vida y a planificar en consecuencia.

Por otro lado, si la nariz es pequeña, chata, hundida, significa que la persona puede tener dificultades para afrontar a su familia debido a las interminables discusiones y peleas. Para estas personas, los conflictos familiares son perpetuos, lo que también podría hacer naufragar sus relaciones.

5. 51 a 55 años

Representado por: El filtrum (la parte curvada entre la nariz y los labios superiores).

Si el filtrum es largo y claro, la persona ha sido bendecida con hijos, nietos y una familia feliz. Tiene o tendrá éxito en la crianza de una familia sana y plena. También serán bendecidos en sus últimos años de vida. De hecho, un filtrum claro y largo es tan valorado que a menudo se considera un signo de prosperidad. Sin embargo, si el filtrum es corto, estrecho o tiene cicatrices, puede indicar problemas para formar una familia. También significa que la persona puede no ser bendecida con muchos hijos y nietos. Un surco nasolabial poco profundo o con cicatrices suele considerarse poco propicio.

Dado que el filtrum es conocido como la región de la fertilidad y la energía, representa la suerte y la capacidad de una persona para tener hijos, junto con los recursos que tiene. También indica la longevidad de una persona. Si la persona tiene un filtrum corto, significa que podría morir pronto. En cambio, si tiene un filtrum largo, significa que vivirá más tiempo. Por último, si el surco nasolabial es plano, es posible que la persona no tenga hijos o que sufra una fuerza física débil y poca energía.

6. 56 a 57 años

Representado por: Pliegues nasolabiales.

Los pliegues nasolabiales son las líneas o pliegues que se extienden desde el lado de la nariz y bajan hasta las comisuras de la boca. Cuando una persona se ríe o sonríe, estas líneas se vuelven más prominentes. Mientras que el pliegue nasolabial izquierdo designa los cincuenta y seis años de una persona, el derecho representa sus cincuenta y siete años. Si los pliegues están bien definidos, son claros, profundos y se extienden hasta las comisuras de la boca en una posición inclinada hacia abajo, la persona posee una inmensa capacidad de liderazgo y autoridad. Esto les convierte en jefes competentes a esta edad. A la edad de cincuenta y siete años, la persona habrá adquirido suficientes conocimientos, riqueza y experiencia para dirigir una empresa, que es donde su suerte le ayuda a avanzar. Además, estas personas tienden a ser optimistas, alegres, brillantes y se ganan el respeto de los demás. Gozan de una salud óptima y son personas inspiradoras.

Si alguno de los pliegues nasolabiales se extiende más allá de las comisuras de la boca, significa que la persona puede sufrir problemas de salud, principalmente relacionados con la salud estomacal y digestiva. En algunos casos extremos, la persona también puede ser anoréxica, lo que podría dar lugar a una mala salud física. Además, si el surco nasolabial de una persona no está bien definido, podría significar que posee una débil capacidad de liderazgo, lo que podría dificultar que sea un gran líder.

7. 58 a 59 años

Representado por: Pómulos.

El pómulo izquierdo representa los cincuenta y ocho años de una persona, mientras que el derecho representa sus cincuenta y nueve años. Las personas con pómulos carnosos, regordetes y redondos son bendecidas con buena suerte y fortuna durante estos últimos años. Significa que la persona puede finalmente tener éxito en su carrera (dependiendo de su edad de jubilación) o prosperar. Si los pómulos son planos y brillantes, son bendecidos y recibirán protección de sus seres queridos. Por el contrario, unos pómulos apagados y hundidos pueden indicar el malestar de la persona y su incapacidad para sentirse en paz. Incluso si consiguen alcanzar sus objetivos y tener éxito, a menudo se dirigirán a enemigos malintencionados. Sus celos podrían destruir la carrera y el esfuerzo de una persona. Esto podría aumentar la sensación de malestar, haciendo que se estresen e inquieten demasiado.

Las mejillas de una persona también se conocen como su región del amor, que determina el amor por la vida de una persona y sus relaciones románticas. Si alguien tiene las mejillas redondas y regordetas, significa que profundizará en su relación, y que amará y admirará a su pareja. Si las mejillas son desiguales o bajas, entonces la persona puede estar involucrada en una aventura que podría terminar en una ruptura o divorcio. Las mejillas arrugadas también son desfavorables, ya que son un signo de infelicidad y de vejez descuidada.

8. 60 años

Representado por: La boca y los labios.

La boca y los labios de una persona le permiten comunicar ideas, emociones, sentimientos e información. Representan su madurez y muestran su proceso de pensamiento a los demás. Como la sabiduría y la madurez llegan con la edad, la boca es la única representante de los sesenta años de una persona. Si la boca y los labios son rosados, gruesos y apuntan hacia arriba cuando sonríen, significa que han sido bendecidos con una vida feliz y pacífica en esta etapa. Tendrá una familia cariñosa con miembros felices y sanos. También podría significar que la persona será bendecida con enormes beneficios al cerrar un negocio o heredar o vender su propiedad ancestral.

Una boca recta con las comisuras ligeramente dobladas también es favorable, ya que indica una ganancia importante, una familia alegre y paz mental en los sesenta años. Los labios finos y caídos no son favorables, ya que indican una vida social y unas relaciones familiares poco satisfactorias. También podría significar que la persona es siempre propensa a la tristeza y la depresión. Es posible que estas personas abusen debido a su mal carácter y a una perspectiva áspera y pesimista hacia la vida. Debido a esto, a menudo vivirán solos, sin su pareja o familia. Los demás pueden despreciar o temer acercarse a ellos.

9. 61 a 75 años

Representado por: La barbilla.

La barbilla se encuentra en la sección "Tierra" de la cara, que denota la vejez de la persona. El periodo comprendido entre los sesenta y uno y los setenta y cinco años se relaciona con la jubilación, el disfrute del tiempo libre y el disfrute de los preciosos momentos de la vida. Si una persona tiene un mentón redondo y prominente, significa que ha sido bendecida con felicidad y salud en sus años de jubilación. La forma de barbilla más favorecida es la redonda, regordeta y carnosa, ya que indica que la persona disfrutará de una vejez cómoda y sin preocupaciones. Recibirán el respeto de su entorno, el amor de su cónyuge y la protección de sus hijos.

Por otro lado, una persona con un mentón corto, carnoso o puntiagudo tendrá muy probablemente mala suerte en su vejez. Los que tengan cicatrices, marcas o decoloración en esta zona serán infelices y se sentirán solos debido a la ausencia de amigos valiosos o de su cónyuge. Del mismo modo, si la pequeña área alrededor de su barbilla está descolorida, matizada u oscura, también podría ser un signo de soledad y de la ausencia de su cónyuge e hijos. En el peor de los casos, la persona puede sucumbir debido a una intoxicación alimentaria, ahogamiento o enfermedades transmitidas por el agua. Sobra decir que esas no son las formas más venerables para el final de una vida.

Enfoque práctico

Esta sección explorará los puntos de la cara y ayudará al lector a entender cómo leer un punto para determinar el pasado, el presente y el futuro del sujeto en función de su edad.

Como ya se sabe, la parte superior de la cara y las orejas representan la infancia y los primeros años, hasta llegar a la primera juventud. A medida que envejece, los puntos de edad de su cara se mueven hacia abajo y llegan a la parte inferior, que es cuando se vuelve viejo. Consultando este diagrama, se pueden identificar fácilmente los rasgos faciales relacionados con la edad actual.

Si el punto de la edad se encuentra en el lado izquierdo, significa que usted pasa la mayor parte de su tiempo preocupándose por su carrera y su trabajo. Por el contrario, si el punto de la edad se encuentra en el centro, significa que se encuentra en una encrucijada crítica. Además, si observa alguna decoloración o marca en esta zona, significa que podría enfrentarse a desafíos pronto. Lo mejor de este ejercicio es que se dará cuenta de un problema de antemano, para el que puede prepararse y estar prevenido. Sin embargo, tanto si se trata de relaciones, como de la carrera o la salud, el tipo de problema siempre es incierto. Para ello, consulte las otras formas y técnicas para leer un rostro, que explicaremos más adelante.

Pongamos un ejemplo práctico para entenderlo de forma más clara. Una marca de nacimiento o un lunar en cualquier oreja indica que puede haber tenido problemas durante su infancia. A continuación, eche un vistazo a su frente. ¿Parece defectuosa en cuanto a su forma, tamaño y color? Si la respuesta es afirmativa, preste atención a sus padres, ya que puede ser señal de un grave problema de salud o de relación con ellos. Por otro lado, también podría significar que usted poseía una naturaleza rebelde cuando era adolescente. Si ese es el caso, la relación con sus padres debería ser segura. Si en su infancia y adolescencia fue objeto de muchos mimos, es posible que tenga la frente ancha o ensanchada.

A medida que envejece, si nota que ciertos lunares y marcas de la cara desaparecen o cambian con el tiempo, significa que su destino puede cambiar o que, de hecho, ha cambiado. No todo está escrito en piedra, y las cosas pueden evolucionar espontáneamente. Esto puede deberse a su propia suerte o a su continuo trabajo y esfuerzo. Además, si ha hecho buenas acciones o posee un alma pura, su suerte terrestre puede mezclarse con un aura positiva para influir y cambiar su suerte celestial.

Capítulo 5: La lectura del rostro en acción

Esta sección incluye diferentes estudios de casos de rostros, con los correspondientes diagramas para su ilustración. Se familiarizará con una amplia gama de rostros con diferentes rasgos o características que se analizan a lo largo del libro. Además, este capítulo incluye formas de leer grandes signos faciales y rasgos individuales y de mirar la cara de una persona para indagar en su pasado, presente y futuro. Por último, también conocerá los rasgos de carácter de una persona, junto con su salud, riqueza, hijos y relaciones en el presente y el futuro.

Lectura de lunares, líneas y arrugas

Dado que las líneas, las arrugas y los lunares del rostro representan la suerte de una persona, es necesario conocer la ubicación, el tamaño y el color de estos elementos para conocer su destino.

Lectura de lunares

Los lunares son manchas oscuras o claras en la cara que varían en tamaño, color y ubicación. Algunos también contienen pelo, una especificidad de la que hablaremos más adelante. En primer lugar, veamos cómo el color, el tamaño y la ubicación de los lunares afectan o indican el destino de una persona.

Color y forma: Los lunares redondos, que además son abultados, se consideran los más favorables. El lunar debe ser brillante con un tono rojo oscuro o negro. Estos colores eran los más notables en los antiguos emperadores chinos, que solían ser considerados los más afortunados. Sin embargo, hay que tener cuidado con los lunares negros en algunas zonas de la cara, ya que podría significar lo contrario. Aunque se tenga un lunar negro, este debe estar oculto y no ser prominente en la cara. Por otro lado, los lunares rojos deben ser claramente visibles. Los lunares de color amarillo, marrón o gris suelen considerarse poco propicios.

Pelo en los lunares: Aunque los lunares peludos son despreciados por su aspecto antiestético, desde el punto de vista científico son menos propensos a provocar cáncer. Según la antigua lectura del rostro en China, los lunares peludos significan buena suerte y longevidad. La persona es bendecida con abundante riqueza y éxito. Tendrá una vida tranquila, recibirá ayuda y apoyo de los demás y disfrutará de una prosperidad constante. Los lunares peludos también se conocen como lunares "terratenientes", ya que el portador suele ser rico y respetado en la sociedad. Si usted es un hombre con un lunar peludo, no caiga en la tentación de recortar el pelo, ya que podría revertir estos efectos deseables. Sin embargo, las mujeres con lunares peludos pueden cortar el pelo que es visible en la superficie.

Los lunares en la cara de los hombres y las mujeres tienen diferentes significados y tienen distintas denominaciones de lugar. Veamos con más detalle las diferentes ubicaciones de los lunares en la cara de un hombre y de una mujer y comparemos los resultados.

La frente

En los hombres: Los lunares en la parte superior de la frente indican la relación de un hombre con su familia. Aunque el punto concreto de la frente es importante para las predicciones, también hay que tener en cuenta el color del lunar. Si es rojo, el hombre tiene más probabilidades de destacar en su carrera y de fortalecer sus relaciones. Por el contrario, si el lunar es de color negro, podría significar que la persona es segura de sí misma, pero le falta capacidad para cooperar con sus subordinados. Además, cuando se trata de obtener beneficios, puede traicionar a sus amigos.

En las mujeres: Los lunares en la frente de una mujer representan su suerte y la relación con su familia y su pareja. Mientras que ciertas manchas implican un mal matrimonio o mala suerte con su pareja sentimental, otras manchas pueden indicar una amenaza de parto.

Cejas, ojos, mejillas y nariz

En los hombres: Los principales lunares de carrera en un hombre son las mejillas y las cejas. Se prefieren los lunares rojos a los negros porque se sabe que los primeros representan una carrera exitosa. Los hombres serán financieramente independientes y capaces de gastar sin ninguna preocupación. Mientras que algunos lunares alrededor de las cejas indican maldad y crueldad en un hombre, otros indican que son de mala suerte para sus parejas, hijos y familia.

En las mujeres: El Equilibrio Patrimonial, que es la zona entre las cejas y los ojos, no debe llevar un lunar, ya que podría indicar una mala relación a largo plazo. También significa que la mujer puede tener problemas en su matrimonio. Aunque se cree que conceden buena suerte a sus maridos, pueden sufrir debido a las aventuras extramatrimoniales de su pareja.

Mentón y mandíbula

En los hombres: Los lunares en el labio superior son siempre signos prometedores. Si se detecta un lunar en la barbilla de un hombre, hay que tener en cuenta estructuras importantes como la casa, sus cimientos y el terreno. Si el lunar es prominente en esta zona, el hombre se meterá en un negocio inmobiliario para comprar una propiedad o un terreno. También significa que el hombre tiene buenos gustos y prefiere las cosas más finas de la vida.

En las mujeres: Al igual que los hombres, las mujeres también tienen suerte cuando tienen un lunar en el labio superior o en la barbilla. Sin embargo, algunas manchas en esta región se consideran más graves en comparación con otras. En ese caso, la mujer puede sufrir graves problemas de salud, principalmente relacionados con la ginecología, o a veces el acoso de sus compañeros o de su pareja.

Lunares de la suerte y lunares de la mala suerte: Como ya sabe, algunos lunares se consideran de la suerte, mientras que otros no lo son. Entonces, ¿cómo se puede distinguir entre ambos? Echemos un vistazo a las manchas individuales de la cara y consideremos la presencia de lunares en ellas:

Lunares en la frente

Un lunar en la frente se considera en gran medida desfavorable. Si se sitúa justo en el centro de la frente, podría significar que la persona sufre o probablemente sufrirá reveses en su carrera. Esto se debe principalmente a la falta de cooperación con sus colegas o al hecho de tener que lidiar con un jefe desagradable y represivo.

Lunares en las pestañas

Un lunar en las pestañas es una mala señal. Aunque apenas se noten, los lunares prominentes indican la seriedad de la vida de una persona. Notar un lunar en esta zona insinúa que la persona puede sufrir en su relación a largo plazo o en su vida matrimonial. Además, significa que la persona puede ser impopular o poco atractiva para el sexo opuesto, lo que podría dificultar aún más la búsqueda de pareja. Para las mujeres, un lunar en las pestañas podría significar problemas de salud más graves, especialmente los relacionados con la ginecología. Los hombres con lunares en las pestañas también son propensos a sufrir problemas de salud, especialmente en los riñones.

Lunares en la línea del cabello

Un lunar en la línea del cabello se considera auspicioso. Para ello, el lunar debe estar oculto bajo el cabello. De hecho, cuanto menos aparente sea, mejor será su suerte. Además, el lunar debe ser negro y brillante en lugar de claro y opaco.

Lunares en las cejas

Un lunar en una de las cejas también se considera auspicioso. Aunque puede que no sean claramente visibles en las cejas gruesas o tupidas, se pueden distinguir fácilmente bajo las cejas finas. Si tiene un lunar en una de las cejas, lo más probable es que sea muy inteligente y un excelente estudiante. Suele sacar buenas calificaciones la mayor parte del tiempo. Es posible que se incline más por la literatura y tenga objetivos educativos ambiciosos, como graduarse con honores o en una universidad de la Ivy League. Los hombres con lunares en las cejas tienen más suerte que las mujeres, ya que poseen más capacidad de liderazgo y tienden a ser más cooperativos. Se llevan bien con sus subordinados y consiguen destacar en su vida profesional.

Lunares en la zona blanca del ojo

Es un fenómeno poco frecuente, pero algunas personas tienen lunares claros en la parte blanca del ojo. Encontrar un lunar allí suele considerarse poco propicio. Aunque estas personas son más afortunadas en otras áreas de su vida, pueden sufrir mucho cuando se trata de la participación romántica y las relaciones a largo plazo. Son muy leales y fieles, pero su relación suele acabar en ruptura o divorcio a pesar de estos admirables rasgos.

Lunares en y alrededor de la nariz

Un lunar en las alas, el puente y la punta de la nariz también se considera auspicioso. Dado que la nariz representa la riqueza y el estatus financiero de una persona, podría predecir una pérdida financiera importante. Esto va dirigido específicamente a las personas con lunares en el puente de la nariz que sufrirían una pérdida monetaria inesperada en su mediana edad. Además, un lunar en esta zona podría significar que la persona puede sufrir problemas de salud que afectan a los pulmones y al sistema respiratorio. Los lunares en las alas de la nariz también son muy desfavorables. Un lunar en el ala izquierda de la nariz es desfavorable para los hombres, mientras que un lunar en el lado derecho es desfavorable para las mujeres. Mientras que los caballeros con un lunar en el ala izquierda pueden ser incapaces de tomar decisiones financieras adecuadas, ahorrar dinero resultará difícil para las damas con un lunar en el ala derecha, llevando a ambos géneros a las dificultades. Por último, un lunar en la punta de la nariz significa que una persona toma malas decisiones o se deja llevar por malos hábitos que podrían hacer fracasar una relación o un matrimonio a largo plazo, o suponer una amenaza para su carrera profesional.

Lunares en los lóbulos de las orejas

Un lunar en el lóbulo de la oreja se considera muy auspicioso. Como los lóbulos de las orejas representan la suerte de una persona, los lunares en esta zona traen aún más fortuna. Estas personas no solo son amables, cálidas y generosas, sino que también han sido bendecidas con una larga vida y una situación financiera estable. Aparte del lóbulo de la oreja, también se considera afortunado tener un lunar en el hélix o en el interior de la oreja; mientras que el primero está relacionado con la buena educación y la alta inteligencia, el segundo promete una vida larga y próspera.

Lunares en las mejillas

Un lunar en las mejillas también es un signo auspicioso, especialmente para aquellos que tienen su carrera en alta estima. Un lunar en la mejilla indica que son muy cooperativos con sus subordinados y que son ejemplares en su trabajo. Como también son emprendedores, un ascenso o un aumento de sueldo puede llegarles antes que a nadie. Un lunar en la mejilla trae suerte a los hombres que se toman en serio su desarrollo profesional. Trabajan duro, están muy motivados y poseen una notable capacidad de liderazgo. También son guapos, respetados y populares entre sus compañeros. En el lado negativo, pueden padecer una mala capacidad de gestión o tener una vida amorosa problemática.

Lunares en los labios y alrededor de la boca

Si una persona alberga un lunar en el labio superior o en las comisuras de la boca, se considera que tiene mucha suerte. Un lunar cerca de la comisura del labio inferior sugiere que la persona puede tener gustos ricos en comida. Les gusta cocinar, comer comidas gourmet y tienen una inclinación por las cosas más finas de la vida. A pesar de su aparente materialismo, su gusto por la ropa, los coches y otros artículos de estilo de vida es digno de elogio. Un lunar en el labio superior, si es brillante y negro, indica que la persona disfrutará de una vida de placer y lujo. Suelen inclinarse por la opulencia y las experiencias de primera clase, como las cenas y las catas de vino.

Lunares en la mitad de la barbilla

Mientras que un lunar en la barbilla se considera generalmente afortunado, una mancha de color justo en el centro de la barbilla puede ser problemática. Significa que la persona puede tener que soportar constantes cambios en su vida, lo que hace que le resulte bastante difícil adaptarse. Además, como tienden a precipitarse en sus decisiones, esto solo empeora su situación. Puede resultarles difícil mudarse a una nueva ciudad o trasladarse, solos o con su familia. Un lunar en esta zona también indica problemas de salud, principalmente relacionados con el corazón y el sistema cardiovascular.

Líneas de lectura y arrugas

Las líneas y arrugas de la cara de una persona indican cosas diferentes. Exploremos los diferentes puntos de las arrugas y líneas de la cara y averigüemos qué dicen de una persona.

La frente

Si una persona tiene varias líneas y arrugas en la frente, significa que ha soportado una vida dura con pocas ganancias y muchas luchas. También sugiere que la persona ha tenido una infancia dura, sin amor ni apoyo, con poca educación e infelicidad. Una frente con tres líneas o menos se considera la más favorable en la lectura del rostro. Si una persona empieza a desarrollar líneas en la frente a una edad temprana, podría indicar que se avecinan tiempos difíciles en la mediana edad o un fracaso matrimonial en el caso de las mujeres. Sin embargo, en el caso de algunos hombres, también podría sugerir que comenzarán su carrera laboral antes de tiempo. Las arrugas de la frente deberían aparecer siempre a partir de los treinta y cinco años en el caso de las mujeres y de los cuarenta en el de los hombres.

El Entrecejo

También conocido como ophryon, esta región del entrecejo indica la suerte de una persona en función de su carrera y su riqueza. Los que tienen arrugas en el entrecejo suelen ser impacientes y no pueden tolerar sus propios actos. Al mismo tiempo, están demasiado estresados por su carrera. Las mujeres con arrugas en el entrecejo suelen buscar una vida emocional estable, mientras que los hombres quieren poseer todo lo que puedan gracias a su duro trabajo. Sin embargo, los hombres con arrugas en esta zona no tienen problemas con las mujeres y suelen ser buscados por ellas.

Patas de gallo

Las patas de gallo son líneas que se forman alrededor de la región más externa de los ojos, un fenómeno que se produce de forma natural con la edad. Estas líneas forman parte de un grupo y se hacen más visibles cuando la persona sonríe o ríe. Como esta región también está relacionada con la Casa del Matrimonio mencionada anteriormente, representa la vida matrimonial de una persona y su suerte con las relaciones a largo plazo. Los hombres que desarrollan las patas de gallo a una edad temprana son incapaces de mantener su vida matrimonial y a menudo fracasan en ella. Las mujeres con patas de gallo son en cierto modo más despreciativas y suelen ser víctimas de abusos en el matrimonio. Los que tienen líneas verticales en las esquinas exteriores de los ojos también son propensos a tener problemas matrimoniales.

Arrugas debajo de los ojos

Este lugar es el Palacio de los Niños. Representa la moral, las buenas acciones y los méritos de una persona a lo largo de su vida. Si la zona de la ojera tiene más de dos conjuntos de líneas claras, brillantes y bien definidas, indica que alguien ha hecho bien por los demás. Debido a esto, estos individuos son bendecidos y suelen ser muy apreciados por los demás. También tienen suerte en cuanto a la descendencia y tienen una larga vida. Sin embargo, si la zona de la ojera está sin arrugas, hundida o negra, significa que la persona estuvo involucrada en malas acciones y podría tener mala suerte a la hora de tener y criar hijos sanos.

Arrugas de conejo

Situadas en el punto de partida de la nariz (la cresta entre los ojos), las arrugas de conejo representan la salud física y mental de una persona. Si una persona padece una mala salud digestiva o está sometida a un estrés constante, sus arrugas de conejo serán más prominentes. Son muy trabajadoras, extremadamente competentes y no tendrán problemas para ascender en el trabajo. Por otro lado, tener demasiadas arrugas de conejo sugiere que la persona sufrirá un fracaso matrimonial. En este caso, uno de los miembros de la pareja suele ser emocional o sexualmente inactivo. Tampoco muestran su amor y apoyo a sus madres, con las que carecen de una profunda conexión emocional.

Arrugas en el puente de la nariz

Si una persona tiene demasiadas líneas en el puente de la nariz, es posible que sufra de migrañas recurrentes. Se esfuerzan mucho, lo que provoca dolores constantes en esa región. Las líneas en el puente de la nariz pueden ser un montón de arrugas horizontales o manifestarse en forma de cruz. En el primer caso, las personas pueden notar un cambio en su situación. Si las líneas son demasiado prominentes, pueden notar cambios significativos o que alteran su vida. Por último, una cruz en esa zona indica buena salud y un sistema inmunitario fuerte.

Arrugas en la nariz

Representan la riqueza y la prosperidad de una persona. Si las líneas de esta zona se apilan verticalmente, podría indicar la incapacidad de la persona para manejar adecuadamente los asuntos de dinero. Además, las personas con este rasgo buscan constantemente nuevas formas de ganar dinero. Si la nariz es pequeña y muestra arrugas, podría significar que la persona carece de ambición y no está dispuesta a construir una carrera sólida. A pesar del trabajo duro y de los grandes esfuerzos, a menudo no consiguen alcanzar sus objetivos. Cualquier forma de arrugas en la nariz de una persona representa su capacidad de gestión del dinero y su ambición profesional (o la falta de ella).

Arrugas en los pómulos

Las líneas en los pómulos representan la capacidad de trabajo y comunicación de una persona. Cualquier tipo de arrugas en las mejillas, verticales, horizontales o mixtas, son una señal de advertencia que indica que la persona es consciente de sus acciones, palabras y actos. Independientemente de lo insignificante que pueda parecer, un lapsus linguae puede provocar problemas con sus amigos, familiares o compañeros. Si no mantienen un perfil bajo, podrían perder su posición, estatus o poder. Así que, aunque las líneas de expresión aún no sean visibles en sus pómulos, vigile el crecimiento de las líneas y arrugas en esa región en particular. Si observa líneas en la parte exterior de los pómulos, esto indica que tendrá que trabajar el doble para alcanzar sus objetivos.

Líneas de las mejillas o líneas de la risa

Como ya sabe, las líneas que comienzan en las aletas de la nariz y se extienden hasta las comisuras de la boca se conocen como líneas de la risa. Estas líneas, que también se denominan líneas de las mejillas, líneas nasolabiales o líneas Fa Ling, se representan como el Palacio del Asistente y son claramente visibles cuando una persona sonríe, hace una mueca o se ríe. Representan el orden, el poder y la coordinación de una persona. Indican si la persona puede cooperar con los demás y trabajar de forma productiva y en armonía. Si una persona tiene líneas de la risa prominentes, claras y hermosas, es una señal de que ha sido bendecida con buena fortuna y una trayectoria profesional deseable. Por el contrario, las líneas de la risa discontinuas o poco claras que muestran lunares o cicatrices son muy desfavorables.

Arrugas en la comisura de la boca

Las arrugas o líneas en las comisuras de los labios son un mal presagio, ya que indican soledad, trabajo duro sin ganancias y, a veces, incluso pérdidas financieras. Aunque el portador consigue atraer el éxito y alcanzar sus objetivos, puede sufrir pérdidas inesperadas en el camino. Además, a pesar de haber sido bendecido con una larga vida, esta no siempre es favorable. Pueden encontrarse viviendo solos durante su vejez, tener mala suerte o enfrentarse a la indiferencia de su entorno. No son respetados ni valorados en su vejez, lo que puede ser desmoralizador y desgarrador. Ahora bien, si estas líneas son diminutas o están acortadas, debe prestar atención a su salud digestiva, ya que suele ser un indicio de problemas estomacales. Si las líneas se extienden hacia abajo desde la esquina izquierda de la boca, significa que la persona puede padecer dolencias del hígado o de la vesícula biliar. Unas líneas similares en el lado derecho indican problemas con el bazo.

Los Tipos de Arrugas Más Comunes

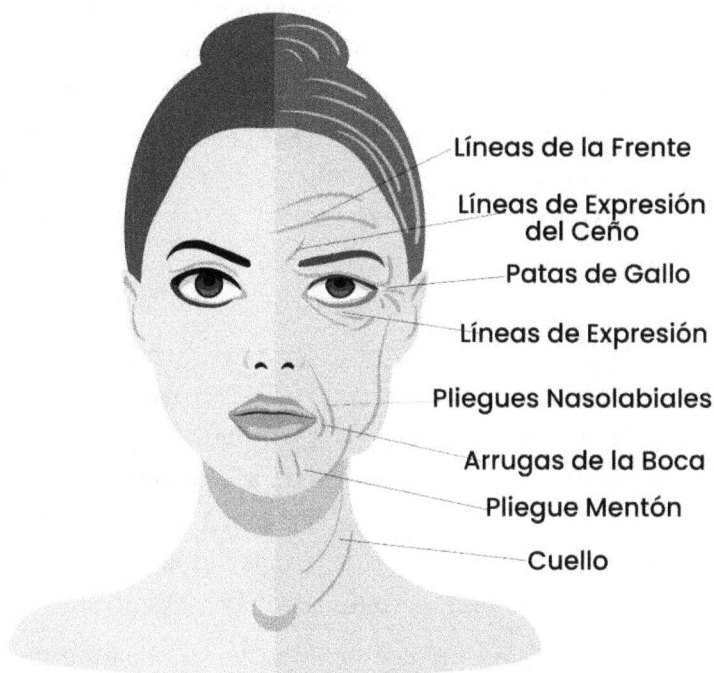

Líneas de la Frente

Líneas de Expresión del Ceño

Patas de Gallo

Líneas de Expresión

Pliegues Nasolabiales

Arrugas de la Boca

Pliegue Mentón

Cuello

Lectura de la salud

Como ya sabe, los rasgos faciales pueden utilizarse para analizar la salud de una persona. Cuando se enfrenta a ciertos problemas de salud, su rostro actúa como un mapa que puede revelar síntomas preocupantes. Por ejemplo, cuando se padece ictericia, los ojos se vuelven amarillentos, lo que es un claro indicio de que algo va mal en el cuerpo. Del mismo modo, aunque sean inofensivos, los lunares suelen indicar posibles peligros para la salud en el futuro. Si nota un lunar en su cuerpo, examínelo cuidadosamente. Si tiene un aspecto asimétrico, incluso irregular, y parece estar creciendo, podría ser la manifestación de un problema de salud subyacente.

Lo mismo ocurre con otros rasgos visibles como cicatrices, bultos, vello facial excesivo o piel pálida. Aunque estos signos indican su estado de salud actual, también se pueden utilizar técnicas de mapeo y lectura del rostro para determinar el estado de salud de una persona en el pasado y en el futuro. Estas técnicas de lectura se utilizaban ampliamente en la antigua China con fines de diagnóstico y evaluación. Como se explicó en uno de los capítulos anteriores, cada punto de la cara está relacionado con un órgano específico. Si aparece algún tipo de decoloración, cicatrices, marcas o granos en la cara, es una señal de que el órgano en cuestión está bajo estrés o desequilibrado.

Aunque no existen pruebas concretas, respaldadas científicamente, que respalden el mapeo facial para la salud, siglos de observación e investigación han llevado a la gente a respuestas específicas que cimentaron estas creencias. También creen que la energía qi (o el flujo de energía) es responsable de la vitalidad de los órganos internos. Es invisible a simple vista, pero discurre por vías internas definidas.

En el pasado, los médicos chinos tradicionales estudiaban los rasgos faciales para examinar la salud de una persona. De hecho, usted puede conocer los puntos vitales de salud y los rasgos de su rostro y realizar un autoanálisis. De este modo, podrá saber si sus órganos están sanos con solo contemplarse en el espejo.

Veamos ahora los puntos y rasgos del rostro que nos ayudan a determinar el estado de salud de una persona.

1. La frente

Vinculado a: El estómago y el sistema digestivo.

Si nota alguna marca, cicatriz o decoloración en la frente, indica un problema de salud estomacal o digestiva. Estas marcas o cicatrices se asocian tradicionalmente con afecciones como el síndrome del intestino irritable y el estreñimiento. Si observa algo en la parte superior de la frente, suele deberse a la incapacidad de su cuerpo para descomponer los alimentos y a la liberación de toxinas dañinas. La mejor manera de remediarlo es desintoxicando el cuerpo con una dieta rica en antioxidantes, que incluya frutas y verduras nutritivas. Las enzimas digestivas y las hierbas amargas también funcionan.

La parte inferior de la frente suele estar relacionada con el espíritu y la mente, lo que significa que cualquier imperfección en esta región puede deberse a problemas de salud mental. Si su patrón de sueño es irregular y siempre está bajo estrés, puede notar acné, marcas o decoloración en la parte inferior de la frente. Dormir adecuadamente es necesario para reducir las marcas y los brotes y limitar el estrés, aumentar la productividad y mantenerse con energía durante el día. Asegúrese de descansar al menos entre siete y ocho horas por noche para lograr un bienestar óptimo. Aparte de esto, practique la meditación y lleve un diario para mantener su salud mental equilibrada y en plena forma. Enumerar tres cosas por las que se siente agradecido al final del día le permitirá liberar el estrés, sentirse feliz y ganar paz interior. En definitiva, haga todo lo posible por mantener su salud mental, ya que podría afectar negativamente a su rostro y a su piel.

Las técnicas tradicionales chinas de mapeo facial, combinadas con estudios y observaciones dermatológicas actuales, se utilizan para determinar el cuidado de la salud y para diagnosticar y tratar problemas comunes de salud y de la piel. Este enfoque fue lanzado por primera vez por la marca estadounidense Dermalogica, que luego se extendió ampliamente en la industria cosmética y dermatológica.

Percepción moderna del mapeo facial: La frente se divide en las zonas 1 y 3. Hoy en día, los profesionales del mapeo facial creen que los signos y marcas en la frente están causados principalmente por prácticas dietéticas perjudiciales (demasiada grasa, azúcar y sal). Sin embargo, no hay pruebas concretas ni estudios serios que respalden esta afirmación. Otro motivo de los brotes, que está indirectamente relacionado con la salud, es la falta de higiene. Por ejemplo, si alguien no es demasiado cuidadoso a la hora de desmaquillarse o de aclarar el champú, puede provocar congestión y obstruir los poros. Esto suele dar lugar a la aparición de acné, que da nombre a la moderna problemática del "acné cosmético".

El mapeo facial del acné es una de las formas más efectivas de enfocar los puntos desencadenantes y evaluar los problemas de salud específicos. Para ello, se examinan y estudian estos puntos de brote de acné en determinadas regiones y se prescriben los tratamientos adecuados. Así es como la mayoría de los profesionales modernos de la lectura facial diagnostican los problemas de salud. Con este método, no solo tratará sus órganos internos y estará más sano, sino que también podrá prevenir los brotes de acné y reponer su piel.

2. Las sienes

Vinculado a: Vejiga y riñones.

Las sienes son las zonas entre la frente y las orejas a cada lado de la cara. Cualquier problema con los riñones o la vejiga puede manifestarse en forma de acné, forúnculos, inflamación o infección en las sienes. Además, si a su cuerpo le resulta difícil hacer la digestión o está reaccionando a un nuevo tratamiento médico, a menudo se manifiesta en la región de la sien.

Percepción del mapeo facial moderno: Si las sienes de una persona aparecen enrojecidas o muestran algún tipo de decoloración, podría ser un signo de alergias o irritación de la piel. Los productos de maquillaje de baja calidad, así como su aplicación y retirada, son otras causas comunes.

Mapeo facial para el acné: La región alrededor de las sienes puede mostrar un crecimiento excesivo de vello si no se controla. Aparte de la acumulación de acné resultante de los problemas de la vejiga y los riñones, la razón principal suele ser la eliminación inadecuada del maquillaje y el champú. El acné cosmético es un término que se utiliza para describir los brotes de acné causados por productos capilares y cosméticos.

3. Las orejas

Vinculado a: Los riñones.

Aunque la simetría, la proporción y la ubicación de las orejas son importantes a la hora de leer el rostro, a menudo se comprueba si hay marcas o cualquier forma de decoloración para evaluar el estado de salud de una persona. Si las orejas de una persona muestran algún tipo de decoloración, podría significar un problema con los riñones.

Percepción del mapeo facial moderno: Las orejas se dividen en las zonas 4 y 10. En el mapeo facial moderno, las orejas que están rojas o calientes son un signo importante de que los riñones no están sanos. La persona debe beber mucha agua para mantenerse hidratada. Al mismo tiempo, debe evitar el consumo de alcohol o cafeína. Reducir el consumo de sal también puede ser beneficioso. Un desmaquillado inadecuado puede causar poros obstruidos y acné en la frente y las mejillas. Las orejas pueden sufrir molestias o enrojecimiento debido a las conversaciones telefónicas excesivas, el uso de auriculares o las joyas pesadas.

4. Los ojos (sobre todo debajo de los ojos)

Vinculado a: Desequilibrio en los fluidos corporales.

En caso de deshidratación, estrés crónico o ansiedad, su cuerpo empezará a mostrar hinchazón, bolsas o decoloración bajo los ojos. Esto puede tratarse fácilmente bebiendo más agua y equilibrando los fluidos corporales. Consuma zumos de frutas y bebidas energéticas bajas en azúcar para ajustar también los niveles de minerales. Para reducir las ojeras y la hinchazón, utilice cremas para los ojos o aplique rodajas de pepino. Además, pruebe a meditar para evacuar el estrés innecesario y relajarse. De nuevo, el sueño de calidad es crucial.

Percepción del mapeo facial moderno: Los ojos se dividen en las zonas 6 y 8. Además de un desequilibrio en los fluidos corporales, se cree que los ojos también reflejan la salud de los riñones de una persona. Además de la deshidratación, que también es la principal causa de las bolsas y ojeras, la mala circulación linfática y ciertas alergias también son razones plausibles.

5. Las cejas

Vinculado a: Hígado.

Dado que el hígado es el responsable del proceso de desintoxicación del organismo, es necesario mantenerlo sano. La desintoxicación ayuda a eliminar del cuerpo las toxinas y los radicales libres dañinos que, de otro modo, podrían ser una amenaza para la salud. Estos también tienden a aumentar el peso del cuerpo y deben ser eliminados. En caso de que su hígado no esté sano, esto se manifestará como acné o marcas en el entrecejo. La desintoxicación es también una forma de deshacerse de las emociones negativas y de equilibrar la salud mental. La mejor manera de mantener el hígado sano es consumir superalimentos ricos en antioxidantes, como los arándanos, el té verde y la col rizada. Además, manténgase alejado del alcohol. Medite, tómese un tiempo libre y dedíquese a sus aficiones favoritas para optimizar su salud mental.

Percepción del mapeo facial moderno: Las cejas se dividen en la zona 2. Los médicos modernos creen que los brotes excesivos de acné pueden ser una causa de la intolerancia a la lactosa. De nuevo, el principal culpable es una dieta mala o inadecuada. Al consumir en exceso alimentos fritos, aceitosos y poco saludables, el hígado se ve abrumado y es incapaz de cumplir sus funciones de desintoxicación. Por ello, la mejor y más sencilla manera de mantener el hígado sano es adoptar una dieta equilibrada compuesta por nutrientes de calidad, como proteínas, vitaminas y minerales, entre otros. Reducir los alimentos ultraprocesados y calóricos también puede ayudar a restablecer la salud de su hígado.

Mapeo facial para el acné: El acné localizado en las cejas o en el entrecejo suele deberse a una mala elección de la dieta y al consumo excesivo de alimentos grasos, aceitosos y procesados. Así que, como se ha mencionado anteriormente, si desea que esta región esté libre de acné, limite su consumo de alcohol y enfóquese en un estilo de vida más saludable y sostenible.

6. Las mejillas

Vinculado a: Sistema respiratorio, bazo y estómago.

Un tono de piel uniforme en las mejillas significa que su sistema respiratorio está en buena forma. El enrojecimiento, o cualquier otra forma de decoloración en esta zona, es desfavorable, ya que sugiere un problema en el estómago, principalmente una inflamación. Además, si observa la aparición de brotes repentinos en las mejillas o de una sinusitis (una cavidad anormal causada por un tejido interno destruido). Esto podría ser el signo de una alergia que afecta a su sistema respiratorio, estómago o bazo.

Percepción del mapeo facial moderno: Las mejillas se dividen en Zona 5 y Zona 9. Hoy en día, se cree que la principal causa de los problemas respiratorios son las malas elecciones de estilo de vida, como fumar o vaporizar. Esto puede causar hiperpigmentación en la zona de las mejillas. Paralelamente, una mala higiene, como usar un móvil sucio o dormir sobre fundas de almohada sin lavar, puede provocar infecciones bacterianas y acné. Un desmaquillado inadecuado o la aplicación de productos cosméticos también pueden provocar alergia en la piel. Otra razón tiene que ver con la mala salud dental; si alguien sufre problemas relacionados con los dientes o las encías, esto puede causar cambios notables en sus mejillas.

Mapeo facial para el acné: Como se ha mencionado, las principales razones del acné y de los brotes excesivos en las mejillas suelen ser una mala alimentación, fundas de almohada sucias y teléfonos móviles poco limpios. Por lo tanto, la forma más fácil de evitar el acné en las mejillas es mantener la higiene alimentaria, limpiar regularmente las fundas de las almohadas y limpiar la pantalla del móvil. Céntrese en una dieta más saludable y haga ejercicio unas cuantas veces a la semana. Recientemente, se ha establecido que la ingesta excesiva de azúcar y lácteos es una de las razones potenciales del acné en la cara, concretamente en la zona de las mejillas. Por ello, se recomienda limitar al máximo alimentos como el chocolate blanco, los dulces y las golosinas, la leche, el yogur y el queso.

7. La boca y los labios

Vinculado a: El colon o el estómago.

Entre los rasgos faciales vinculados al estómago, la boca y los labios son algunos de los signos más visibles y evidentes de la salud del estómago. Si advierte algún forúnculo, grano o úlcera en los labios o en el interior de la boca, significa que su estómago también puede haber desarrollado úlceras. Además, si usted consume muchos alimentos fríos o crudos como parte de su dieta, su estómago puede trabajar en exceso para producir calor para metabolizar los alimentos y convertirlos en energía.

Percepción del mapeo facial moderno: Percepción del mapa facial moderno: El labio superior se divide en la zona 12A. Toda la zona por encima de los labios está directamente relacionada con su salud reproductiva, al igual que la zona de la barbilla y las mandíbulas. Sin embargo, también puede notar algo de pigmentación o hiperpigmentación allí causada por desequilibrios hormonales y sobreproducción de melanina. Cuando se combina con el crecimiento excesivo de vello en el labio superior, una condición también conocida como hirsutismo, es necesario que se realice un chequeo para detectar el síndrome de ovario poliquístico o la enfermedad de ovario poliquístico.

8. La nariz

Vinculado a: El corazón.

El lado izquierdo de la nariz está vinculado al lado izquierdo del corazón, mientras que el lado derecho de la nariz está relacionado con el lado derecho del corazón. Si observa acné, forúnculos, cicatrices, puntos negros o exceso de sebo o grasa en la nariz, significa que su corazón puede sufrir niveles altos de colesterol o una presión arterial irregular. Para mantener su corazón sano, haga ejercicio todos los días durante al menos treinta o cuarenta y cinco minutos para mejorar su salud cardiovascular. Consuma alimentos repletos de grasas saludables como el pescado, el aceite de oliva, el aguacate, los frutos secos y los frutos del bosque. Estos alimentos también contienen Omega-3, un tipo de ácido graso poliinsaturado que es excelente para el corazón y el sistema cardiovascular.

Percepción del mapeo facial moderno: La nariz se divide en la zona 7. Hoy en día, los expertos creen que la rotura de los capilares puede ser consecuencia de una mala alimentación o de una mala higiene. Aunque los cambios en la presión sanguínea y los niveles de colesterol pueden ser razones más frecuentes, no se pueden ignorar los efectos de la contaminación o de exprimir los granos, que pueden causar brotes de acné. También pueden deberse a la genética. Si advierte un enrojecimiento excesivo, puede ser un signo de presión arterial alta.

9. El mentón y la mandíbula

Vinculado a: La producción de hormonas y el sistema reproductivo.

Si observa algún grano o llaga en la barbilla y la mandíbula, esto indica un cambio en los niveles hormonales. Este fenómeno es notablemente evidente en las mujeres que sufren cambios hormonales naturales durante su ciclo menstrual. Además, si se observa un crecimiento excesivo de vello facial junto con frecuentes desequilibrios hormonales, las mujeres deben hacerse examinar para detectar afecciones de salud reproductiva como el síndrome de ovario poliquístico o la enfermedad de ovario poliquístico. Si no se trata, puede afectar negativamente a su sistema reproductivo y a su capacidad para tener hijos. Los granos excesivos en la barbilla y la mandíbula también indican problemas de salud mental, como estrés, ansiedad o depresión crónica.

La decoloración y los brotes en la barbilla también pueden estar relacionados con la salud intestinal. Dado que el estómago y el intestino delgado están representados por la barbilla, los movimientos intestinales irregulares pueden causar acné en esa zona. Mejore su dieta e incluya más alimentos ricos en fibra, como las semillas de chía, las hortalizas de hoja verde y la avena en granos. Además, los probióticos y los alimentos fermentados promueven el crecimiento de bacterias saludables en su estómago, por lo que el kimchi, la kombucha, el yogur y el chucrut pueden ser inmensamente beneficiosos si se incluyen en su dieta y se consumen regularmente.

Percepción del mapeo facial moderno: La barbilla se divide en la zona 12. Al igual que la práctica tradicional, los estudios modernos también sostienen que los desequilibrios hormonales causan acné alrededor de esta región. La parte central de la barbilla suele estar relacionada con el intestino delgado. En consecuencia, cualquier forma de alergia a los alimentos, cambios en la dieta o hábitos alimenticios poco saludables pueden provocar acné en la parte central de la barbilla, por lo que adoptar una dieta equilibrada y sana es fundamental.

La línea de la mandíbula se divide en las zonas 11 y 13. Además de los desequilibrios hormonales que pueden afectar al mentón y a la línea de la mandíbula, los brotes y las cicatrices en esta zona también pueden deberse a una mala higiene dental. Dado que la línea de la mandíbula está vinculada a los ovarios de la mujer, esta puede sufrir un exceso de brotes de acné durante sus ciclos menstruales. También puede deberse a un desmaquillado inadecuado que obstruye los poros; opte por productos no comedogénicos en su lugar.

Mapeo facial para el acné: Como se ha mencionado anteriormente, la razón principal de los brotes de acné en la barbilla y la mandíbula de una persona son los desequilibrios hormonales, una afirmación que está científicamente probada. Si el metabolismo de una mujer produce niveles más altos de hormonas masculinas o sufre el síndrome de ovario poliquístico, puede acabar teniendo un acné excesivo. La única manera de combatir este problema es con ejercicio físico regular, una dieta equilibrada y la pérdida de peso si es necesario. La hidratación también es crucial, de ahí la importancia de beber al menos ocho vasos de agua cada día.

10. El cuello

Vinculado a: Glándulas suprarrenales.

Es justo decir que el cuello no es un rasgo central en la lectura del rostro. Sin embargo, puede ayudar a determinar la salud interna del cuerpo de una persona. El cuello está relacionado con la salud de las glándulas suprarrenales; cuando estas trabajan en exceso y empiezan a liberar hormonas, el cuello y la parte superior del pecho se vuelven rojos. La adrenalina es una de las hormonas que se segregan y que nos dan impulso y energía. Por ello, el cuello se enrojece. Y aunque generalmente no es motivo de preocupación, deberías comprobar si hay otras condiciones como alergias en la piel, irritación o daños por el sol.

Tabla de Reflexología Facial

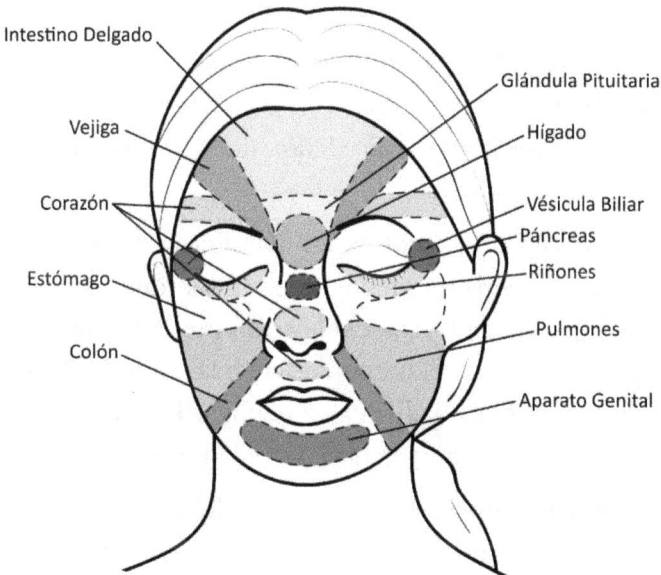

- Intestino Delgado
- Vejiga
- Corazón
- Estómago
- Colón
- Glándula Pituitaria
- Hígado
- Vésicula Biliar
- Páncreas
- Riñones
- Pulmones
- Aparato Genital

Utilice productos cosméticos orgánicos para prevenir la aparición de forúnculos, granos o quistes. Además, consuma mucha agua para mantenerse hidratado e igualar el tono de su piel. Y, lo que es más importante, concéntrese en su dieta para favorecer la salud digestiva. Por último, asegúrese de dormir al menos entre siete y ocho horas cada noche para evitar el estrés y mantener su salud física y mental. Haga ejercicio al menos tres o cuatro días a la semana y procure realizar una sesión diaria de meditación de diez a quince minutos. En definitiva, una buena dieta, mucho ejercicio y pequeños cambios en el estilo de vida le ayudarán a llevar una vida más sana y satisfactoria.

Considere estos signos como indicios de posibles problemas de salud

· **Pestañas largas:** Aunque las pestañas largas se consideran a menudo un signo de belleza, pueden indicar un problema en los ojos, sobre todo de sequedad. Las pestañas deben ser un tercio de la proporción de los ojos. La córnea libera una determinada cantidad de agua, que es controlada principalmente por las pestañas. También controlan la cantidad de aire que entra y sale de los ojos y mantienen alejadas las partículas de polvo. Si una persona tiene las pestañas largas, la circulación de aire alrededor de sus ojos aumenta, lo que acaba provocando sequedad.

· **Arrugas excesivas o profundas:** Las líneas y arrugas profundas significan que la persona puede tener una densidad ósea débil, dependiendo de su edad. Una explicación moderna de esto apunta a la aparición temprana de la menopausia en las mujeres; a medida que estas envejecen, su densidad ósea se debilita. Esto explica la relación entre las arrugas profundas y la baja densidad ósea.

· **Las cejas y el aumento de peso**: El adelgazamiento de las cejas, especialmente cerca de las puntas, es un signo de enfermedades tiroideas. A pesar de ser una etapa prematura, puede sufrir un problema de tiroides más adelante. Por lo tanto, si también percibe un aumento de peso repentino, se aconseja que se someta a pruebas para detectar problemas de tiroides.

- **Dientes torcidos y enfermedades de las encías:** Desde una perspectiva puramente científica, los dientes torcidos hacen que la comida se acumule en las esquinas, lo que provoca la acumulación de placa. A la larga, esto podría provocar daños bucales y enfermedades de las encías.

- **Punta de la nariz roja:** La punta de la nariz roja suele ser un signo de estrés excesivo. Al aumentar el nivel de "chi" de fuego, se producen complicaciones como la presión arterial alta, la ansiedad y el estrés. Si experimenta una punta de la nariz roja de forma recurrente, debería hacerse un chequeo para detectar problemas de presión arterial.

Estas indicaciones son una combinación de técnicas tradicionales de lectura del rostro y de estudios y descubrimientos modernos.

La lectura de la riqueza

Su rostro puede revelar mucho sobre su riqueza: su condición financiera anterior y lo que le depara el futuro. De hecho, las técnicas modernas de lectura de rostros se refieren principalmente a la riqueza. Las montañas y los ríos son símbolos significativos en términos de riqueza y abundancia, por lo que puede ser útil tener en cuenta estos indicadores al leer un rostro. Los expertos en lectura de rostros empiezan por el eje central de la cara y se mueven en direcciones alternativas para determinar la riqueza de una persona. A continuación, examinan la simetría y el equilibrio del rostro para corroborar sus lecturas iniciales. Cuanto más equilibrio haya en la simetría y la armonía, más estabilidad tendrá la persona en su situación financiera. Ambos aspectos deben ser estudiados con precisión para determinar la riqueza.

He aquí un desglose de los "requisitos" en el rostro de una persona a fin de evaluar sus perspectivas financieras:

1. Primer punto de riqueza - La simetría es vital

Este es el requisito más crucial a la hora de leer la riqueza. Ambos lados de su cara deben ser simétricos y poseer un buen equilibrio. Por un lado, si ese es el caso, su vida y sus perspectivas financieras serán fluidas e indican estabilidad y abundancia. Por otro lado, si el rostro carece de simetría y equilibrio, prepárese para soportar una vida difícil. Como se ha dicho, para determinar la simetría del rostro, hay que fijarse bien en el eje central. Ambos lados deben ser uniformes. Si su cara muestra una simetría perfecta, se le considera extremadamente afortunado. Sin embargo, ciertos peinados pueden contrarrestar la simetría facial de una persona, lo que podría llevar a una lectura inexacta. Para evitarlo, elija su peinado con cuidado; lleve el pelo de forma que no provoque desequilibrio.

2. Segundo punto de riqueza - Frente alta

Como ya sabe, la frente alta y redondeada es muy favorable, sobre todo cuando se trata de riqueza. De hecho, es el segundo indicador más preciso de la situación financiera. La frente está representada por la montaña de la prosperidad, que es un indicador vital de la riqueza. Del mismo modo que las montañas son altas, redondas, suavemente curvadas y un poco salientes, una frente con estos atributos se considera un signo de buena fortuna y prosperidad financiera. También representa el poder, el intelecto y la autoridad.

Una persona con la frente alta también puede ser bendecida con abundante riqueza a una edad temprana. Dado que la frente está situada en la sección del Cielo, se cree que las personas con la frente alta son bendecidas con riqueza desde su nacimiento. En otras palabras, están destinadas a vivir cómodamente y a tener mucho dinero. Como se ha mencionado, estas personas tienen autoridad sobre los demás y están bendecidas con una personalidad segura, lo que anima a otras personas a escucharlos y buscar su consejo. Sin embargo, estas frentes son bastante raras. Incluso si alguien tiene una frente poco prominente, se le considera afortunado y bendecido económicamente. Además, la persona posee la capacidad de tomar decisiones rápidas y es muy inteligente.

Una frente perfecta está representada por el dragón celestial, un presagio de gran suerte, poder y abundancia. La razón de que esta zona sea el segundo mejor indicador de suerte y riqueza se debe a que es el punto del yang. Los lunares negros situados en el centro de la frente son bastante desfavorables; dicho esto, se pueden eliminar con ayuda profesional. Sin embargo, si se encuentra algún lunar rojo en la frente, se cree que trae suerte, por lo que es mejor dejarlo como está.

Cuidar la frente para evitar los granos, el acné y las manchas es fundamental. Lávese la cara por la mañana y antes de acostarse, aplique una crema hidratante y utilice un exfoliante orgánico dos veces por semana. Si usted tiene una zona T grasa, limpie su cara con una espuma limpiadora y aplique mascarillas para limpiar los poros. Está bien utilizar productos para el cuidado de la piel para mantener la zona limpia, suave y sin manchas. También puede utilizar cosméticos para mantener el tono de la piel uniforme y evitar que la zona se vuelva opaca.

3. Tercer punto de riqueza - Nariz de dinero

El tercer punto destacado de la riqueza es la nariz. Los expertos en lectura del rostro examinan el volumen y el tamaño de la nariz de la persona para determinar su riqueza. Aunque una nariz grande puede parecer fea y desproporcionada en la cara, se considera un rasgo de suerte. También indica las puertas o fuentes de dinero de la persona. Se cree que la lectura de la nariz para determinar la riqueza es más eficaz en las mujeres que en los hombres. Cuanto más redonda es la nariz, más suerte se tiene en términos de riqueza y estabilidad financiera. También hay que tener en cuenta el tamaño de las fosas nasales; unas fosas nasales de tamaño medio (ni demasiado grandes ni demasiado pequeñas) son otro signo de buena fortuna.

Si una mujer tiene una nariz grande, redonda y alta, atraerá la riqueza hacia ella y traerá suerte y riqueza al hombre con el que se case. Sin embargo, no se pueden realizar lecturas precisas de la riqueza en narices alteradas quirúrgicamente, ya que son inauténticas y antinaturales. Como regla general, la nariz de una persona no debería corregirse con fines estéticos. Se cree que la famosa estrella del pop Michael Jackson sufrió una espiral descendente y una trágica muerte después de someterse a varias rinoplastias. Los cambios fueron drásticos y transformaron su rostro por completo.

Dicho esto, se pueden utilizar ayudas artificiales como el maquillaje o los productos para el cuidado de la piel para mantener la nariz suave, sin manchas y brillante. Intente mantener la nariz limpia, libre de pelos y manchas, y eliminar los puntos negros. Dado que las manchas, los defectos, la decoloración o las cicatrices en la nariz son desfavorables, es necesario que el puente nasal esté brillante y luminoso para experimentar una vida próspera y cómoda.

La nariz está representada por uno de los ríos significativos que simbolizan el rostro, que es el río Jie, famoso por representar la riqueza y la prosperidad. Este punto es el tercer indicador más crucial de la suerte y la riqueza porque es el punto del yin. Al igual que la frente, los lunares en la nariz, especialmente en la punta, también son desfavorables, ya que suelen significar mala suerte.

Por lo tanto, la próxima vez que vea su nariz grande en el espejo, no se sienta acomplejado; alégrese, ya que será bendecido con abundante riqueza en el futuro.

4. Cuarto punto de salud - Labio de perla

A continuación, otro indicador de riqueza es la protuberancia en la parte superior del labio, también conocida como labio de perla. Si una persona tiene un labio de perla, significa que está destinada a tener abundante riqueza y una vida financiera estable. Las perlas, como piedras preciosas, se consideran una de las cosas más preciosas en la filosofía tradicional china y simbolizan el prestigio y la clase. También se conoce como perla de fénix, y representa la gran capacidad de comunicación de una persona y un discurso muy desarrollado.

Al igual que la forma de una perla, la protuberancia sobre los labios luce redonda, un rasgo adquirido al nacer. Es evidente y visible en el labio superior de la persona desde una edad temprana. En este caso, se puede afirmar que el niño será bendecido con una inmensa riqueza en el futuro.

Un labio de perla no solo es favorable en términos de riqueza, sino que también se considera una característica de belleza. A menudo se compara con rasgos exóticos como un hoyuelo o una barbilla hendida, que hacen atractiva a una persona. Este rasgo suele ser más prominente en las mujeres que en los hombres. Aunque se considera un signo de suerte para ambos sexos, es especialmente apreciado y buscado en las mujeres. La razón es que las mujeres con boca de perla suelen atraer la suerte, la riqueza y la prosperidad a los hombres con los que se casan.

5. Quinto punto de riqueza - Boca de loto

Aparte de su forma y su volumen, el principal factor que determina una boca atractiva es la humedad. En este análisis, la boca puede ser de tamaño reducido; el único requisito es que sus labios estén húmedos y brillantes en todo momento. La boca de Loto está representada por uno de los ríos que simbolizan el rostro, el río Huai. Es el segundo más importante, a pesar de ser más pequeño que los demás ríos. Ahora bien, como es pequeño, delicado y suculento, este quinto punto de riqueza debe retratar las mismas características. Los lunares negros en la boca o alrededor de ella son muy desfavorables. Puede optar por eliminarlos con ayuda profesional. En cambio, si advierte algún lunar rojo en esa zona, déjelo ya que es un signo de suerte e indica que nunca se quedará sin comida.

El nombre de boca de loto deriva de la flor que prospera en ambientes húmedos. Este signo de riqueza abundante y estabilidad financiera viene acompañado de una boca y unos labios siempre húmedos. Al igual que un río seco es desfavorable, una boca seca indica mala suerte en términos de riqueza. Por lo tanto, haga lo posible por mantener la boca y los labios húmedos aplicando bálsamos labiales y bebiendo mucha agua. Además, un lápiz de labios de color rojo brillante también es favorecido por las mujeres, ya que se cree que trae buena suerte. Al mismo tiempo, se cree que el color brillante en los labios atrae el yang chi, otro augurio muy favorable.

6. Sexto punto de riqueza - Mentón fuerte

El mentón está representado por la montaña de la base y lo ideal es que sobresalga para reproducir su forma. En este caso, la persona ha sido bendecida con una gran riqueza, principalmente con la ayuda de activos físicos. Junto con el mentón, también se prefiere una línea de la mandíbula afilada y prominente. La barbilla también debe ser carnosa y prominente. Una forma que se asemeje a una montaña es muy favorecida. Junto con la riqueza y la prosperidad, un mentón afilado y prominente también representa la longevidad de una persona.

Por otro lado, si se observa una mandíbula retraída, significa que la persona podría enfrentarse a una inmensa mala suerte en su vejez. En casos extremos, la persona también podría tener una muerte trágica y prematura.

7. Séptimo punto de riqueza - Ojos brillantes

Los ojos brillantes no solo son hipnotizantes, sino que también pueden describir la riqueza de una persona y decir si está alerta y consciente. Aunque la forma y el tamaño de la mayoría de los rasgos faciales se consideran para evaluar la suerte y la riqueza de una persona, la vitalidad de los ojos es más relevante en este caso. Cuando se trata de determinar la riqueza, el tamaño, el color y la posición de los ojos no importan; lo que importa es su brillo. Si sus ojos son brillantes y poseen una mirada firme, está bendecido con buena fortuna y abundante riqueza.

El séptimo punto también se mide por las cejas, que también actúan como elemento de protección. Si tiene cejas arqueadas que protegen sus ojos brillantes, significa que ha sido bendecido con buena salud, riqueza y fortuna. Es deseable tener unas cejas gruesas y bien definidas. Por eso, si está pensando en afeitárselas para conseguir un nuevo look, reconsidere su decisión. Un rostro sin cejas se considera indeseable. Incluso si quiere depilarse las cejas, absténgase de hacerlo por encima de la línea de las cejas, ya que podría afectar a su suerte.

También se cree que las cejas protegen a la persona de la energía negativa de los celosos y alejan a los espíritus malignos. No obstante, puede utilizar maquillaje, como cepillos para cejas y delineadores, para arreglar y dar forma a sus cejas e introducir simetría entre ambos ojos. Al igual que el rostro necesita simetría y equilibrio para tener buena suerte, los ojos y las cejas también deben ser simétricos.

8. Octavo punto de riqueza - Pómulos rellenos

Los pómulos entran en el apartado Hombre, que define la mediana edad de una persona. A la hora de definir la riqueza, son deseables unos pómulos brillantes, suaves y regordetes. Además, si son luminosos y brillantes, indican una inmensa riqueza en la vida de una persona. Los pómulos huesudos o delgados son muy indeseables, ya que simbolizan la energía yang, que es perjudicial.

Si sus pómulos son carnosos, pueden parecer lo suficientemente tentadores como para pellizcarlos (puede que incluso lo haya experimentado un par de veces). Por último, los expertos en lectura de rostros también determinan la riqueza de una persona a través del color o tono de sus pómulos. Por un lado, unos pómulos de color rosa intenso indican que la persona ha sido bendecida con buena fortuna. Por otro lado, unos pómulos secos, apagados, sin color o hundidos son desfavorables y sugieren posibles pérdidas en un futuro próximo.

9. Noveno punto de riqueza - Orejas

El noveno y último punto de riqueza es un par de orejas bien definidas y posicionadas. Está representado por el río Amarillo, también símbolo de buena fortuna. Para medir la riqueza de una persona, se suelen preferir las orejas largas a las más cortas, ya que representan la clase y el prestigio. Además, como el Señor Buda tenía las orejas largas, son más favorecidas en la lectura tradicional china del rostro. Además de la proporción y la posición de las orejas, los lectores de rostros chinos también examinan si las orejas de la persona son carnosas, ya que las orejas carnosas son más favorables.

Quizá haya notado que la mayoría de los puntos de riqueza se encuentran en la parte central de la sección Hombre, ya que cada uno es responsable de cambiar su suerte y atraer el éxito a través del trabajo y el esfuerzo. La sección de la juventud y la vejez contienen solo unos pocos puntos de riqueza porque usted trabajará duro para lograr sus objetivos en la edad adulta, lo que significa que sus puntos de riqueza están bien definidos en el momento en que envejece.

Predicción de la fertilidad y el sexo

La lectura del rostro es muy popular entre las parejas que intentan tener un bebé. Indica la fertilidad de una persona y puede ayudar a predecir el sexo de su bebé.

1. Las sienes

Predicción del sexo del bebé: Si esta región es brillante, suave y sin ningún tipo de decoloración, indica que el padre puede tener una niña. La pareja no tendrá ninguna dificultad para concebir un hijo. Disfrutarán de un embarazo sin esfuerzo. En cambio, si se observa que esta región está oscura o con cicatrices, es posible que la pareja tenga que soportar un viaje de embarazo difícil. También es un signo de que se espera una niña.

2. Los ojos

Predicción del sexo del bebé: Los ojos de la madre pueden decir mucho sobre el sexo del bebé. Si tiene arrugas cerca de las pestañas (que miden entre cuatro y siete milímetros), es posible que tenga un niño. Sin embargo, si la mujer no tiene arrugas en los ojos o alrededor de ellos, puede esperar una niña.

3. Las cejas

Predicción del sexo del bebé: Esto es más evidente en las cejas del padre. Si posee cejas largas, bien definidas y brillantes, las probabilidades de tener un niño son del sesenta por ciento o más. Con el mismo conjunto de cejas y una textura de pelo más dura, las probabilidades aumentan hasta un ochenta o noventa por ciento. Si las cejas son finas, escasas o cortas, es posible que tenga una niña. Del mismo modo, se puede predecir el sexo del bebé a partir de las cejas de la madre. Si su ceja izquierda es más larga, puede tener un niño; si su ceja derecha es más larga, puede tener una niña. Al igual que el padre, si las cejas de la madre son finas, escasas o cortas, puede esperar una niña.

4. Las orejas

Predicción del sexo del bebé: Una de las formas más sencillas de predecir el sexo de un bebé es observar detenidamente las orejas y los lóbulos en la madre. Si se observa la presencia de lóbulos grandes en las orejas de la madre, es muy probable que tenga un niño. Por el contrario, la ausencia de lóbulos de las orejas podría ser un signo de que va a nacer una niña.

5. Los labios

El color de los labios de una mujer se relaciona con su fertilidad y ayuda a predecir el sexo de su bebé. Si el color es intenso o normal, significa que la mujer tendrá más posibilidades de quedarse embarazada.

Predicción del sexo del bebé: Paralelamente, el filtrum del padre y de la madre puede determinar el sexo del bebé. La inclinación del filtrum del hombre hacia la izquierda indica una mayor probabilidad de tener un niño, mientras que la inclinación del filtrum hacia la derecha indica una niña. La cantidad de vello en la región del filtrum también es un factor para tener en cuenta en un hombre; si apenas tiene, el padre podría tener una niña. El color de los labios también revela el sexo del bebé. Por ejemplo, si los labios de la madre son rojos, rosados o de color de rosa, puede tener un niño. En cambio, si el color es azul, blanco o rojo intenso, puede tener una niña.

6. El mentón y la mandíbula

Una barbilla redonda representa la suerte de una persona de tener riqueza abundante y relaciones sanas e indica que será bendecida con tener muchos hijos y nietos.

Predicción del sexo del bebé: Si la mandíbula tiene forma cuadrada y el mentón es redondo, significa que la persona tendrá un niño. Si la barbilla es puntiaguda al final, significa que la persona tendrá una niña.

Leer sus relaciones y su matrimonio

En esta sección se analizará cómo los rasgos faciales se relacionan con el estado de una relación para hombres y mujeres. Ambos géneros necesitan tener dos o más de los siguientes rasgos para tener una relación exitosa o un matrimonio duradero.

En las mujeres:

· Debe tener una nariz ancha que represente una gran confianza, conciencia de sí misma e independencia.

· Si una mujer tiene Ojos de Fénix, es ingeniosa, elegante y puede atraer fácilmente a los hombres. También tiene mucha clase, lo cual es otro rasgo atractivo.

· Una frente redondeada y de tamaño medio (cuatro o menos dedos de altura) significa que la mujer es lo suficientemente inteligente como para tomar decisiones acertadas, sobre todo a la hora de elegir a su pareja y comprometerse a largo plazo.

· Si tiene las cejas ligeramente curvadas, significa que es amable, cariñosa y capaz de expresar sus sentimientos.

· Si el puente de la nariz es alto, la persona es segura de sí misma y cree en la igualdad entre ambos sexos. Como su pareja, si alguna vez intenta reprimirla, puede provocar un enfrentamiento o una ruptura.

· Si la mujer tiene los labios equilibrados, es decir, que tanto el labio superior como el inferior son proporcionados y de igual tamaño, la mujer puede mostrar afecto físico y es sexualmente activa. Tiende a satisfacer a su hombre en la cama.

En los hombres:

· Si un hombre tiene una nariz ancha y alta, significa que es muy seguro de sí mismo y que se siente bien. Sin embargo, no debe tener crestas ni protuberancias en la nariz.

· Al igual que la mujer, si el hombre tiene unos labios proporcionados, indica que es capaz de mostrar afecto físico y que es un amante distinguido, especialmente en la cama.

· Un conjunto de cejas gruesas y bien definidas en un hombre indica que aprecia su relación, hasta el punto de renunciar a otros aspectos importantes de su vida (trabajo, círculo social, etc.).

· Unas cejas bien definidas y alejadas de las sienes (al menos a una distancia de dos dedos de ancho) son un fuerte signo de respeto y confianza en una relación. Ambos miembros de la pareja se comprenden y respetan mutuamente. Ninguno de los dos controla al otro ni muestra demasiada complacencia, lo que indica un matrimonio sólido y feliz.

· Por último, si el hombre tiene la barbilla ancha, significa que disfruta pasando tiempo en casa con su mujer. Los placeres sencillos, como acurrucarse, ver una película o cocinar juntos, son lo que siempre espera.

Implicaciones del matrimonio tardío

Las personas que no tienen la suerte de encontrar una pareja duradera a una edad temprana, o que deciden casarse tarde, también deben tener en cuenta ciertos factores a la hora de leer los rasgos faciales.

· **Frente abultada:** Una frente abultada es un signo aparente de matrimonio tardío tanto para hombres como para mujeres. Dado que la frente está representada por el elemento fuego entre los cinco elementos, la protuberancia de la frente representa la forma de fuego ardiente. Estos individuos parecen ser irresolutos e intransigentes, lo que suele conducir a un matrimonio tardío. Un hombre que se casa con una mujer con la cabeza protuberante puede sufrir debido a complicaciones mentales y estrés. Además de la protuberancia, la frente alta también es un signo de matrimonio tardío. Como se ha mencionado, la frente se representa como el signo del fuego, por lo que las personas con la frente alta prefieren elegir de forma pasiva. También muestran mucha paciencia y no se precipitan en sus decisiones para encontrar pareja o casarse.

· **Cejas gruesas o finas:** Por lo general, las personas con cejas gruesas son demasiado pensadoras y no son capaces de reducir sus opciones. Aunque deseen casarse pronto, su carácter indeciso se lo impide. En cambio, si una persona tiene las cejas finas, lo más probable es que favorezca su propia conveniencia sobre la de los demás. Tampoco se dejan llevar por las emociones y son bastante selectivos. También les resulta difícil mantener la devoción o la seriedad en cualquier tipo de relación, ya sea de matrimonio, hijos o familia, por lo que suelen casarse más tarde que los demás.

· **Pelo grueso y liso:** Los antiguos lectores del rostro en China creían que la densidad del cabello de una persona estaba relacionada con el espesor de su sangre. Cuanto más denso es el cabello, más tarde es probable que la persona se case. Esto se debe principalmente a su inflexibilidad y falta de paciencia. Además, el símbolo de Yang está relacionado con el pelo fuerte y liso, lo que significa que las personas con este rasgo pueden casarse más tarde de lo previsto.

· **Patas de gallo:** Aunque las patas de gallo son aceptables o no suelen ser un mal presagio, el exceso de líneas suele ser un signo de matrimonio tardío. Esto se debe a que las patas de gallo están relacionadas con una vida laboriosa. Estas personas se ocupan de todos los aspectos de su vida por sí mismas y nunca dependen de los demás para hacer las cosas. Esto explicaría por qué suelen estar estresados. Los jóvenes con patas de gallo apenas tienen tiempo para conocer gente nueva o cultivar sus relaciones existentes debido a su ajetreada vida, por lo que suelen ignorar el matrimonio a los veinte o a los treinta años. Los ojos brillantes con patas de gallo siguen siendo preferibles, ya que representan el encanto, la popularidad y el sentido del humor de una persona.

· **Ojos Grandes:** Los individuos con ojos grandes suelen ser indecisos y ansiosos cuando se trata de tomar decisiones importantes en la vida. Por ello, son incapaces de decidirse por su pareja para un compromiso a largo plazo.

Parejas potenciales

Se cree que los rasgos faciales de una persona también pueden revelar mucho sobre el tipo de pareja que atrae, de acuerdo con su propia apariencia. Los rasgos de los hombres y de las mujeres son diferentes, y por eso atraen a distintos tipos de pareja. Eche un vistazo a los rasgos de las parejas potenciales de cada sexo:

El Palacio Matrimonial de una persona suele predecir los rasgos de su futura pareja. Por ejemplo, si el Palacio Matrimonial es voluminoso, junto con los ojos y las cejas simétricos y a juego, significa que tendrá un cónyuge hermoso o guapo. En cambio, si el Palacio Matrimonial está hundido o las cejas y los ojos no coinciden, podría indicar una pareja poco atractiva. Lo mismo ocurre con los ojos grandes y las cejas pequeñas, o con los ojos pequeños y las cejas pobladas. Por último, si la persona tiene las cejas y los ojos asimétricos o mal proporcionados, significa que su pareja puede tener un aspecto mediocre o simple.

Para las mujeres: Las cejas curvas y largas atraerán a una pareja alta y delgada para la mayoría de las mujeres. En cambio, las mujeres con cejas más cortas pueden casarse con un hombre más corpulento. Si las cejas de una mujer apuntan hacia arriba en el extremo, es posible que se case con un hombre de cara redonda y mal carácter. Es posible que se meta en peleas o que sea objeto de constantes abusos. Por el contrario, si las cejas apuntan hacia abajo, la mujer puede atraer a un hombre de rostro ovalado y carácter tranquilo y de buena voluntad.

Para los hombres: La nariz, los ojos y las cejas de un hombre suelen tenerse en cuenta a la hora de determinar el aspecto de su pareja. Por ejemplo, si un hombre tiene una nariz bien proporcionada, más redonda y recta que otras, es probable que conozca y se case con una mujer hermosa. Además, las fosas nasales deben estar poco expuestas. Por el contrario, si el hombre tiene las fosas nasales expuestas, puede casarse con una mujer de aspecto común. Los hombres con ojos alargados y cejas bien formadas y proporcionadas atraerán a una mujer hermosa, con la que entablarán una relación duradera. Por último, los hombres con cejas mal proporcionadas y oscuras pueden casarse con una mujer de aspecto común.

Aunque el aspecto de una pareja no debe prevalecer sobre su naturaleza y compatibilidad, predecir la apariencia de su futura pareja puede ser un ejercicio divertido y entretenido con la lectura facial.

Leer rasgos de carácter en los niños

Por último, pero no por ello menos importante, puede evaluar el carácter, los puntos fuertes y los puntos débiles de un niño observando su cara y sus rasgos visibles. Aunque ya conoce la mayoría de estos rasgos, vamos a centrarnos en los más obvios e importantes para leer la cara de los niños.

La utilización de los Cinco Elementos de los que hablamos al principio es quizá la forma más sencilla de descifrar la personalidad de un niño. Veamos qué puede decir cada elemento sobre ellos.

El niño de madera

Estos niños son extremadamente curiosos y siempre están deseosos de aprender y descubrir cosas nuevas. Son inteligentes y a menudo se les puede encontrar leyendo libros. Le preguntarán "¿por qué?" en casi todas las frases, y si no consiguen la respuesta, seguirán haciéndolo hasta que la obtengan. Además de negarse a aceptar un no por respuesta, suelen ser muy aventureros. Su actitud enérgica es refrescante, pero pueden ser difíciles de domar. Dé un salto con ellos y acompáñelos en una aventura para comprender que la vida no es aburrida.

Características principales del niño de madera

· Una mandíbula bien definida

· Un hueso de la ceja abultado

· Una línea de cabello recta y bien delimitada

- Un rostro de forma cuadrada o rectangular
- Cejas gruesas

El niño de fuego

Al igual que la llama de un fuego es brillante, vibrante e inestable, un niño Fuego siempre está feliz y alegre, deseoso de contagiar su alegría a los demás. Están llenos de energía y apenas pueden quedarse quietos. Son alegres y a menudo se les llama parlanchines por su tendencia a hablar sin parar. El niño de Fuego necesita que lo estimulen; si no, puede portarse mal. Estos niños son muy sociables y les gusta salir con sus amigos y conocer otros nuevos. Por último, tienden a ser malhumorados y a enfadarse.

Características principales del niño de fuego

- Pelo rizado
- Ojos brillantes y chispeantes
- Pecas y hoyuelos
- Brazos delgados
- Un rubor prominente o leve en las mejillas

El niño de tierra

Estos niños son conocidos por tener un enfoque práctico y metódico a la hora de manejar proyectos, un rasgo sorprendente a una edad tan temprana. Son organizados y prefieren terminar las tareas importantes antes de divertirse. Aunque les gusta estar con sus amigos y son sociables, prefieren no ser el centro de atención. No les importa ser el centro de atención de vez en cuando, pero tienden a ser bastante modestos y humildes al respecto. Son personas emocionales, divertidas y cariñosas, además de leales. Sin embargo, pueden ser propensos a los celos. Necesitan que sus amigos sean comprensivos y los entiendan por completo. Si se les deja solos, los niños de tierra pueden sufrir a veces ansiedad por separación.

Características destacadas del niño de tierra

· Una nariz carnosa

· Labios gruesos o carnosos

· Tez de melocotón con un subtono amarillo

· Pómulos bajos

· Cara redonda

El niño de agua

Al igual que la tranquilidad de un río que fluye, un niño Agua también es tranquilo y sereno. Suelen mostrar una gran imaginación y son muy creativos. Aunque puedan parecer extrovertidos y compartir más de lo necesario, prefieren guardarse las cosas importantes para sí mismos. Puede que solo se abran a las personas que les gustan y en las que confían por encima de todo. Son inteligentes, perspicaces y suelen sacar buenas notas en la escuela. A veces, pueden ser un poco sensibles por cuestiones triviales. Sus energías varían según su estado de ánimo; pueden estar nerviosos en un momento dado o sensibles en otro. En esos momentos, controlarlos puede resultar una tarea muy difícil.

Características destacadas del niño de agua

· Una frente superior redondeada

· Un mentón fuerte y puntiagudo

· Orejas y lóbulos grandes

· Pelo grueso, largo y brillante

· Un filtrum bien formado

El niño de metal

Por último, un niño con un elemento metal sabe mantenerse firme y actuar y hablar en cualquier situación. Pueden integrarse bien en un grupo, así como jugar individualmente. Se les puede llamar " ambivertidos". Les gusta aprender cosas nuevas y son siempre curiosos. Si quiere hacerles felices en una ocasión especial, como su cumpleaños, opte por algo sencillo, útil pero modesto, o pregúnteles qué les gustaría. Esto se debe a que tienden a ser reservados y no les gustan las sorpresas. Prefieren tener una rutina constante, terminar los deberes a tiempo y disfrutar de suficiente estabilidad en su vida académica y familiar. Pueden ser un poco tercos, lo que puede dificultar su control. Sin embargo, estos niños son extremadamente simpáticos, alegres y adorables cuando se presentan en público.

Características destacadas del niño de metal

· Pómulos bajos y hundidos

· Tez pálida

· Cejas altas y largas

· Una estructura ósea bien definida

· Pómulos prominentes

La cara de un niño y sus elementos correspondientes son suficientes para determinar sus rasgos, sus puntos fuertes, sus debilidades, su pasado, su presente y su futuro. Conocer a un niño puede ayudarle a controlarlo mejor y a remediar sus deficiencias desde el principio para convertirlas en puntos fuertes. No solo es esencial para hacerles mejores seres humanos a medida que crecen, sino que también es un importante indicador de su felicidad.

Conclusión

En definitiva, aprender a leer los rostros para comprender el proceso de pensamiento, las emociones, la fortuna y la situación actual de una persona puede repercutir positivamente en su comprensión. Puede empezar a mirar a las personas con un punto de vista diferente y tomarse un tiempo para descifrar sus circunstancias antes de sacar conclusiones. Con estas técnicas, podrá distinguir los puntos fuertes y débiles de cada individuo y comportarse en consecuencia.

Tanto si se trata de una cita como de una entrevista con un posible empleado, podrá averiguar fácilmente el carácter de una persona y su futuro leyendo su cara, lo que le permitirá tomar una decisión acertada.

Antes de terminar este libro, abordemos una cuestión importante a la que se enfrenta la mayoría de la gente: ¿afectará la cirugía plástica o estética de cualquier tipo a la forma de leer los rostros? Aunque ya hemos hablado de ello, merece la pena examinarlo desde un ángulo diferente. La lectura del rostro tiene que ver principalmente con quién es realmente la persona, en lugar de basarse en sus rasgos superficiales y su fachada externa. Aunque se modifique el rostro con cirugía estética, no cambiará el interior y el destino con el que se nace.

Sin embargo, la cirugía estética y las alteraciones en el rostro pueden causar un problema con las personas con las que se reúne, ya que pueden tener sentimientos encontrados. Usted está presentando un nuevo o diferente yo externo mientras se siente como la misma persona en el interior. Los lectores de rostros profesionales también pueden darle una evaluación diferente o vaga, que en última instancia es inexacta. Por ejemplo, si las orejas apuntan hacia fuera, significa que la persona es estudiosa e inconformista. Sin embargo, si no le gusta el aspecto de sus orejas y trata de ocultarlas o alterarlas mediante un procedimiento médico, puede indicar que quiere ocultar a los demás sus valores inconformistas.

Hemos mencionado el cuidado del rostro y la alimentación sana para evitar el acné, las marcas y la decoloración. Esto se debe a que el acné y los brotes excesivos son un signo de mala salud. Si bebe más agua, hace ejercicio, come de forma saludable y utiliza productos para el cuidado de la piel o cosméticos (no cirugía estética), sin duda podrá tratar y remediar esta afección de forma eficaz y permanente.

A medida que nuestro destino se desarrolla, nuestros atributos faciales y físicos cambian en consecuencia. Dado que nuestros rasgos faciales están simbolizados por montañas y ríos, principalmente por la riqueza, deberá darse cuenta de que estos se aplanan y se secan en algún momento. Por esta razón, hay que tener cuidado y fijarse en los cambios que se producen en el rostro a lo largo de las distintas etapas de la vida. Al mismo tiempo, es fundamental cuidar el rostro con medios naturales y artificiales. Si bien no se aconseja la cirugía plástica (ya que altera el aspecto y da lugar a una lectura y valoración inexactas), sí se aconseja utilizar productos cosméticos para mantener el rostro limpio y sano y evitar los granos, las cicatrices y las decoloraciones.

La lectura del rostro es divertida y le permite comprenderse a sí mismo y a las personas importantes de su vida. En muchos sentidos, puede ayudarle a reorientar su camino y a realizar cambios significativos para disfrutar de un futuro mejor y más satisfactorio.

Ahora que posee un sólido conocimiento de la lectura de rostros, es el momento de ponerlo en práctica. ¡Buena suerte!

Vea más libros escritos por Mari Silva

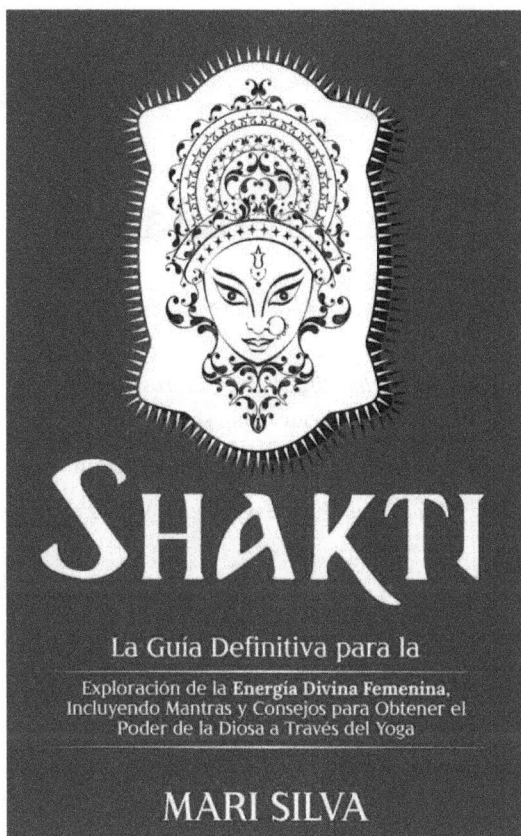

SHAKTI

La Guía Definitiva para la

Exploración de la **Energía Divina Femenina**,
Incluyendo Mantras y Consejos para Obtener el
Poder de la Diosa a Través del Yoga

MARI SILVA

Referencias

12 Houses Method of Face Reading, 12 Palaces, 12 Sections. (n.d.). Your Chinese Astrology.

Chinese Astrology: Chinese Zodiac Signs, 2020 Horoscope - YourChineseAstrology.com. (n.d.). Your Chinese

Astrology. Extraído de https://www.yourchineseastrology.com/

Chinese Face Reading: What Your Face Says About Your Personality and Health. (2016, September 15). Conscious

Lifestyle Magazine. https://www.consciouslifestylemag.com/chinese-face reading

Face Mapping: Can You Use It to Improve Your Skin's Health? (2019, 1 de agosto). Healthline.

https://www.healthline.com/health/face-mapping#takeaway

Face Reading – Past, Present, Future - OHM Holistic Healings. (n.d.). Ohmhh.com.

Foster, H. (n.d.). *What your face can tell you about your health.* Now To Love. Retrieved from

https://www.nowtolove.co.nz/health/body/your-face-can-reveal-surprising-insight-into-your-health-36655

Johann Kaspar Lavater | Swiss writer. (n.d.). Encyclopedia Britannica. Extraído de https://www.britannica.com/biography/Johann-Kaspar-Lavater

Mian Xiang - The Art of Face Reading. (2019, 13 de diciembre). Beyond The Boundaries.

https://www.btbmagazine.com/mian-xiang-the-art-of-face reading/

More Chinese face reading - 12 common face features and meanings. (n.d.). Picture Healer - Feng Shui, Craft & Art,

Netmums. (2016, 4 de octubre). *What does your child's face reveal about their personality?* Netmums. https://www.netmums.com/child/what-does-your-childs-face-reveal-about-their-personality

Romance: Find true love through facial recognition | Relationships. (n.d.). Natural Health Magazine. Extraído de

https://www.naturalhealthmagazine.co.uk/relationships/face-facts

What Your Face Shape Could Be Saying About Your Personality. Reader's Digest. Extraído de https://www.rd.com/list/face-shape-personality/

Tsai, R. (2020, 16 de febrero). *How Does Face Mapping Relate to Your Health?* Beauty Within. https://beautywithinofficial.com/2020/02/16/what-is-face-mapping/

What Does Your Face Say About You? (2016, 26 de abril). NaturalPath. https://naturalpath.net/mind/five-elements-face reading/

WOFS. (2006, 5 de septiembre). *Are You Going Through a Difficult Time? Your Face Tells Your Age Luck –*

WOFS.com. WOFS.com. https://www.wofs.com/are-you-going-through-a-difficult-time-your-face-tells-your-age-luck/

www.ingramcontent.com/pod-product-compliance
Lightning Source LLC
Chambersburg PA
CBHW071859090426
42811CB00004B/676